Las mujeres lideran mejor

el arte de ser mujer y líder
dentro de la iglesia

Nancy Beach

La misión de Editorial Vida es ser la compañía líder en comunicación cristiana que satisfaga las necesidades de las personas, con recursos cuyo contenido glorifique a Jesucristo y promueva principios bíblicos.

LAS MUJERES LIDERAN MEJOR
Edición en español publicada por
Editorial Vida – 2010
Miami, Florida

©2010 by Nancy Beach

Originally published in the USA under the title:
Gifted to Lead
Copyright © 2008 by Nancy Beach
Translation copyright © 2010 by Nancy Beach
Translated by Adriana E. Tessore de Firpi
Published by permission of Zondervan, Grand Rapids, Michigan 49530

Traducción: *Adriana Tessore*
Edición: *Madeline Díaz*
Diseño interior: *Yolanda Bravo*
Diseño de cubierta: *Base Creativa*

RESERVADOS TODOS LOS DERECHOS. A MENOS QUE SE INDIQUE LO CONTRARIO, EL TEXTO BÍBLICO SE TOMÓ DE LA SANTA BIBLIA NUEVA VERSIÓN INTERNACIONAL. © 1999 POR BÍBLICA INTERNACIONAL.

ISBN: 978-0-8297-5712-5

CATEGORÍA: Iglesia Cristiana/Liderazgo

IMPRESO EN ESTADOS UNIDOS DE AMÉRICA
PRINTED IN THE UNITED STATES OF AMERICA

10 11 12 ❖ 6 5 4 3 2 1

Selección VidaLíder

El propósito de la *Selección VidaLíder* es proveer a los líderes en todos los ámbitos, un pensamiento de vanguardia y el consejo práctico que necesitan para alcanzar un nivel más en sus destrezas de liderazgo.

Los libros de esta Selección reflejan la sabiduría y experiencia de líderes de trayectoria que ofrecen grandes conceptos en un tamaño práctico. Ya sea que leamos este libro por nuestra propia cuenta, o junto a un grupo de colegas, la *Selección VidaLíder* brindará una introspectiva crítica de los desafíos del liderazgo actual.

*A mi madre, Peggy Lou Moore,
y a mis hijas,
Samantha Helen y Johanna Ruth*

Contenido

Prólogo de John Ortberg   9
Una nota en Birmingham   13

1. Dios no cometió un error   17
2. Bienvenida al club de los varones   25
3. Hagamos la obra   43
4. Lideremos con los muchachos   57
5. ¡Y entonces tuvimos hijos!   79
6. Cómo encontrar tu voz   99
7. Carta abierta a los pastores y   125
   líderes varones de la iglesia
8. Apóyate en tu tribu   145

Conclusión   163
Palabras finales: Para mis hijas   167

Apéndice 1: Recursos adicionales   173
Apéndice 2: «Voz», de Jane Stephens   177
Apéndice 3: Manifiesto sobre el rol del hombre   193
  y la mujer en el liderazgo
Apéndice 4: Preguntas frecuentes   195
Notas   205
Acerca de la autora   207

Prólogo
por John Ortberg

Ya pasaron veinte años desde que visité por primera vez una iglesia en los suburbios de Chicago y me senté en un servicio para celebrar la Santa Cena dirigido por una mujer llamada Nancy Beach. Me encontraba bastante lejos, sentado en la última fila de la tribuna, pero hubo algo en ella que hizo que todo lo que significara distancia desapareciera y tuve la impresión de que todos éramos atraídos a una fresca experiencia de la presencia del amor de Dios. Quedé atónito ante la franqueza, la seriedad y la profundidad de esta mujer a la que no conocía.

Más tarde, trabajé con ella. Nancy le añadió al ministerio un nivel de liderazgo: un sueño de apreciar las artes escénicas y recapturarlas para servir a la iglesia local en una alabanza plena a un Dios artístico, una capacidad para formar equipos y tocar corazones que nunca antes había visto. Observaba cuando ella creaba momentos transformadores para la gente; a veces de a miles y a veces en pequeños grupos de cinco o diez. La observaba al inspirar a las personas —no promocionando emociones con bombos y platillos; no apuntando al ego; no jugando con sus miedos— sino pintando un cuadro de la maravilla de Dios y las posibilidades aún escondidas en personas como tú y yo que estamos dispuestas a servirle. La observaba al formar una comunidad de artistas; y los artistas no son siempre las personas más fáciles del mundo para ser lideradas. De vez en cuando te encuentras con un artista que es apenas un poquito sensible. Nancy los dirigía con un nivel de capacidad que era un arte en sí.

Y la observaba desempeñar esta tarea en un mundo dominado en su mayoría por hombres. Mis propias convicciones, y el compromiso de Willow Creek, son que la Biblia, cuando es interpretada de la forma correcta, conducirá a una iglesia donde hombres y mujeres sirvan juntos en igualdad sobre la base de las capacidades espirituales y la motivación al servicio. Sin embargo, todavía la mayoría de las personas que se sientan en los círculos de liderazgo son varones. Yo observaba a Nancy transitar las complejidades de aquellas dinámicas por encima de todos los otros desafíos que enfrentaba. Y como todos los demás que componían el círculo, fuimos enriquecidos por eso.

Creo que no es casualidad que Jesús fuera el primer rabí que enseñó a las mujeres, las incluyó en su círculo, y les dio un grado de dignidad y oportunidad desconocido hasta entonces. En el capítulo ocho de Lucas se nos cuenta que mientras Jesús viajaba por allí, caminaba con un grupo que abarcaba a los doce, junto con mujeres que, en algunos casos, provenían de entornos bastante turbios. Imagina en aquella época a un grupito de hombres y mujeres, la mayoría solteros, yendo juntos de ciudad en ciudad. ¡Imagina los chismes y los rumores! Aun así, Jesús estaba tan comprometido con formar una nueva clase de comunidad donde fuera posible que hombres y mujeres se relacionaran entre sí como hermanos y hermanas, que tuvo el valor de estar dispuesto a correr el riesgo. Y entonces, nació una nueva clase de comunidad, donde «en Cristo» ya no habría «hombre ni mujer» que pudiera levantarse como una barrera que dividiera a la humanidad.

Este libro es otro paso para ayudar a la comunidad de Jesús a experimentar esa realidad. Nancy lo escribe desde la profunda fuente de su experiencia personal. Conoce la presión de ser mamá de unos niños pequeños y al mismo tiempo ser responsable del liderazgo de un gran ministerio y un movimiento nacional. Esta es una presión con la que cada líder que es padre también debe luchar, pero que muy a menudo los hombres «resuelven» dejando en manos de sus esposas gran parte de la tarea de ser padres en un gesto de abdicación no bíblico. Ella conoce las presiones de ser doblemente criticada, no solo por ser líder, sino también por

Prólogo

ser mujer líder. Si responde con mucha suavidad, ¿será esto atribuido a un estereotipo? Si responde con dureza, ¿será rechazada de un modo que no sucedería si fuera hombre? ¿Hace mucho escándalo por cuestiones de sexo en una conversación dada? ¿Muy poco? Todo esto le añade una capa de complejidad a lo que ya es una tarea absolutamente compleja. Y Nancy ha transitado a través de ella con gracia y habilidad.

Esto también forma parte de lo que encontrarás en este libro: la lucha bien vale la pena el esfuerzo. ¡Si eres mujer y a veces te cansas de la batalla, ten presente que la iglesia te necesita! Que la iglesia marche hacia el futuro con la mitad de sus miembros manteniéndose al margen del liderazgo es como si los soldados fueran a la guerra con una mano atada a la espalda. Si eres hombre, ten presente que tu vida será muy enriquecida si buscas incluir, escuchar y aprender. Si eres un esposo cuya esposa tiene dones de liderazgo, ten presente que tu matrimonio crecerá enormemente si aplaudes esos dones en lugar de sentirte amenazado por ellos. Si eres un papá con hijas, ten presente lo mucho que necesitan a un padre que valore y aplauda los dones que Dios les ha dado.

Tengo dos Nancy Lee en mi vida. Una (¡la más importante!) es mi esposa. La otra es Nancy Lee Beach. Para mi esposa y para mí, conocer, aprender y trabajar junto a Nancy Beach ha sido uno de los grandes regalos del ministerio.

Me agrada que vayas a conocerla aquí. Dios tiene mucho que decirnos a todos a través de sus palabras. Que él nos dé oídos para oír.

Una nota en Birmingham

Birmingham, Alabama, 1996. Formaba parte de un equipo de Willow Creek que había sido invitado a dirigir una jornada para líderes junto a un grupo de pastores. Mi participación incluía una disertación principal sobre la liberación de las artes a fin de que sean usadas según los propósitos santos de Dios en los cultos dominicales. La audiencia era predominantemente masculina y tenía la extraña sensación de que algunos no acogían con agrado mi enseñanza. ¡Pese a que nuestro equipo acababa de participar en varias conferencias en Europa, Australia y Nueva Zelandia, esta conferencia en nuestro propio país nos hacía sentir más transculturales que cuando estábamos en el extranjero!

Durante la última reunión, que incluía un tiempo de preguntas y respuestas, nuestro pastor, Bill Hybels, extrajo un papel de su Biblia. «Una mujer me dio este papelito durante el receso», le contó Bill al grupo. «Dice lo siguiente: "Ayúdenme. Soy un líder atrapado en el cuerpo de una mujer"».

La sala hizo silencio.

Bill continuó: «Me gustaría que Nancy Beach respondiera a esta solicitud».

Tragué saliva y al instante una molesta sensación de calor me inundó bajo mi traje hecho a la medida. ¿Cómo pudo mi amigo y pastor hacerme esto? Ya me sentía bastante incómoda en aquel lugar y contaba los minutos que restaban para dirigirnos hacia el aeropuerto y regresar a casa. ¡Y ahora se suponía que debía abordar la complicada pregunta sobre qué hacer con las mujeres de la iglesia que tienen dones de liderazgo!

Respiré hondo, elevé una desesperada oración rápida pidiendo sabiduría, y luego subí a la plataforma. Respondí usando la mente tanto como el corazón. A pesar de que había estudiado el tema de la mujer en el liderazgo de la iglesia, elegí no debatir el asunto basándome en argumentos puramente teológicos. Aunque reconocí que en la Biblia hay pasajes difíciles que debemos estudiar para comprenderlos, centré mis observaciones en la firme convicción de que el Espíritu Santo no distribuyó los dones según el género: tanto hombres como mujeres debían sentirse libres de expresar las capacidades dadas por Dios en la iglesia local. El momento clave (que despertó en mí y en los oyentes la más profunda pasión y emoción) fue cuando me dirigí de forma directa a las mujeres líderes que estaban en la sala. Con una sensación de fortaleza proveniente del Espíritu Santo, las miré a los ojos y les dije: «No se cometió un error en el cielo cuando Dios les dio el don de enseñanza o liderazgo».

Este libro, escrito años después, ofrece una respuesta más exhaustiva. Sin embargo, el mensaje en esencia es el mismo. No es mi intención agregar algo a los muchos volúmenes que exploran la cuestión del liderazgo y la enseñanza de la mujer desmenuzando algunos textos bíblicos. Si bien recomiendo tales libros y los considero esenciales para nuestra comprensión (y reconozco que muchos lectores quizás puedan buscar una defensa a mi postura en este libro), no soy erudita ni teóloga. En el apéndice 1 (página 173), recomiendo varios libros para un estudio más profundo que exploran esta cuestión vital desde una variedad de perspectivas. Invito a todos los líderes a que mantengan una mente abierta a medida que desarrollan una postura clara que pueda ser articulada, defendida y apoyada.

No se cometió un error en el cielo cuando Dios les dio el don de enseñanza o liderazgo.

Como mujer que ha transitado el verdadero mundo del liderazgo y la enseñanza en la iglesia por más de treinta años, espero

Una nota en Birmingham

que este libro relacione a las mujeres líderes con hombres que deseen comprenderlas mejor. Este objetivo incluso estuvo presente en el proceso de redacción. Cada vez que me siento a escribir en Panera Bread o Caribou Coffee (suelo alternar), imagino que estoy frente a una mujer líder, disfrutando de una taza de te o café y conversando acerca de nuestras experiencias. Teniendo en mente a las mujeres de la vida real, empiezo a correr la cortina y revelar los altibajos y los desafíos singulares que enfrenté como líder, con la esperanza de que mi historia sea una con la que otras mujeres puedan identificarse y sentirse animadas.

Si eres un hombre líder que estás dedicando un tiempo para leer este libro, te aplaudo por tu evidente disposición a entender mejor a las mujeres de tu iglesia, quizás hasta por causa de tu propia esposa o hijas. Si solo lees por encima la mayoría de los capítulos, préstale mucha atención al capítulo siete, que fue pensado en especial para ti. Y gracias por tu valor.

En una de mis películas preferidas, Shadowlands [Tierras de penumbra], el actor que interpreta a C. S. Lewis pronuncia estas profundas palabras: «Leemos para saber que no estamos solos». Si este libro puede contribuir a que cualquier mujer, joven o anciana se sienta menos sola, considero el esfuerzo más que valioso. Mis esfuerzos están dedicados principalmente a la próxima generación de mujeres maestras y líderes a medida que buscan forjar su identidad como integrantes del sexo femenino que anhelan manifestar a pleno sus dones en la iglesia local y alcanzar el máximo potencial para el que fueron creadas y diseñadas por Dios.

Que este libro sea de ánimo en tu andar y que sepas que otras que caminaron antes que ti «lo lograron» y te alientan desde las gradas.

Dios no cometió un error

E stando parada en el sendero de hormigón que rodea el patio de nuestra casa de tres dormitorios en Cabo Cod, miraba fijamente y con atención la parte trasera de la vivienda. Con un pantalón de color rojo al que le llamaba «capri» y unas sandalias a las que les decía «chancletas», sentía cómo la espesa humedad de una tarde de verano relajada en Chicago flotaba en el aire.

Desde allí, fácilmente podía observar el patio trasero de nuestros vecinos de la izquierda, los Johnson, cuyo rancho de ladrillo amarillo claro demarcaba la esquina de nuestra calle suburbana. A la derecha estaba el cuadrado perfecto de pasto recién cortado que constituía el patio de mi mejor amiga, Janet. Allí era donde organizábamos un circo de tres pistas, disfrutábamos jugando interminablemente a *Martín Pescador y Abuelita, ¿cuántos pasos doy?*, y donde mi voz fuerte (que algunos describían como «mandona») se alzaba para idear toda clase de aventuras y producciones. Sin embargo, ese día estaba sola, tranquila y pensativa, algo poco común para una niña de diez años a la que le gustaba mucho hablar. Por unos instantes, dejé de ser la niña flaquita de pelo lacio que era a fines de la década de 1960 y me proyecté hacia el futuro.

No quiero que mi vida sea como la de mi mamá y las otras madres de mi barrio. Ellas limpian la casa y cuidan a sus hijos esperando que sean las cinco y media de la tarde, hora en que todos los esposos regresan al hogar. ¿Hay algo de malo en ser una muchacha y no querer esa misma clase de vida? Amo a mi mamá, pero siento que quizás haya algo distinto para mí, y estoy resuelta a descubrirlo. Soy inteligente, los demás niños que me rodean parecen seguirme y tengo muchas ideas. De alguna manera produciré un impacto positivo en este mundo. Lo haré, lo haré, lo haré.

Mi momento crucial de definición se vio interrumpido por el grito de mi amiga Janet, que me hacía señas para que fuera a jugar. Regresamos a nuestro lugar habitual durante el verano en la entrada de hormigón de su casa e intentamos decidir qué hacer a continuación.

«¿Qué quieres hacer?», preguntaba una de nosotras.

«No sé. ¿Qué quieres hacer tú?», era la respuesta inevitable.

¡Ah, el éxtasis de ese tiempo no programado suscitaba el siguiente arrebato de creatividad! Así que regresé al ritmo del juego y la diversión que caracterizaban los veranos húmedos y calurosos de mi niñez, guardando en el corazón las preguntas con las que luchaba en el sendero de mi casa.

Décadas después, ahora entiendo que mi mamá formó parte de una generación que dictaba un rol bien definido para ella, lejos de las oportunidades que a mí se me presentarían. Mi madre no era distinta al resto de las amas de casa de la avenida Prospect. Si bien mi mamá no se destacaba en la cocina, la costura ni otras tareas domésticas, creó un cálido hogar para la familia. Durante la escuela primaria, mi hermana, mi hermano y yo regresábamos a casa todos los días para disfrutar de un relajado almuerzo. Mamá nos preparaba sopa de tomate y sándwiches tostados con queso. Mientras tanto, nos leía cuentos. Le suplicábamos que nos leyera un capítulo más antes de prepararnos para regresar a la escuela por la tarde, ansiosos por saber cómo seguiría la historia. Mamá *estaba siempre allí*, y ahora, al mirar hacia atrás, veo cuánto llegué a depender de su alentadora presencia.

Como una joven que creció durante los años de la Gran Depresión, mi mamá no tuvo la oportunidad de acceder a una educación superior y se casó con mi papá en 1946, luego de que él regresara de pilotear reactores de caza como marino durante la Segunda Guerra Mundial. El curso de mi mamá estuvo trazado desde un principio y ella dio lo mejor de sí para cumplir las expectativas de un ama de casa a tiempo completo. Poseyendo una agradable personalidad, un estupendo sentido del humor y una mente ágil, mi madre habría hecho otras elecciones si hubiera nacido en otra época. Cuando sus hijos fueron un poco más grandes, consiguió un trabajo en la escuela secundaria de la zona, donde sus capacidades administrativas naturales emergieron y fueron muy valoradas. También tiene el don de la misericordia. ¡Sigue visitando a «los ancianos» cuando ella misma tiene ya ochenta años! Mi mamá es casi siempre el alma de cualquier fiesta a la que asiste e incontables personas la consideran su amiga.

Sin embargo, aquel día en el sendero, todavía no había presenciado el surgimiento de los dones en mi mamá. La miraba a través de unos lentes muy estrechos. Y en verdad, por momentos me preguntaba si había algo malo en mí, ya que me encantaba liderar (aunque no usaba esa palabra) y a menudo estaba más interesada en mirar a los Chicago Bears con mi papá que en participar en cualquiera de las actividades domésticas. Muy en lo profundo me preguntaba si en realidad me parecía más a un niño y si Dios habría cometido un error cuando me creó. Estas preocupaciones persistieron debajo de la superficie de lo que constituyó una niñez en todo sentido feliz.

En sexto grado, fui la primera niña en la historia de mi escuela primaria en ser elegida presidenta del consejo estudiantil. Una vez más, me preguntaba si eso en verdad estaba bien... si yo era normal o alguna clase de aberración. La secundaria me concedió muchas oportunidades para lucirme en lo académico, en la rama del teatro y del discurso, como capitana de las porristas y como una influencia clave en el grupo de jóvenes de mi iglesia. Me destacaba como la líder del equipo en casi todos los escenarios. Mis compañeros me eligieron la «Mejor compañera» y «La compañera con más posibilidades de tener éxito», títulos que me sorprendieron y me alegraron, ya que en lo secreto pensaba que era posible ser exitosa y agradable.

Cuando tenía quince años, llegaron a nuestra iglesia evangélica dos nuevos pastores de jóvenes. Dave Holmbo era un músico talentoso y un artista increíblemente creativo. Su amigo, Bill Hybels, era un joven vehemente y apasionado que nos lideró con su ejemplo y su enseñanza.

En aquel momento, nuestro grupo de jóvenes reunía en una buena noche a cincuenta asistentes. Por medio de la enseñanza de Bill, las incontables ideas creativas de Dave y un inconfundible fluir del Espíritu Santo, algo transformador se comenzó a gestar en ese pequeño grupo... algo que la mayoría de nosotros todavía no veía. En todos nosotros se despertó una pasión por alcanzar a nuestros amigos de la secundaria con el amor transformador de Jesús. Orábamos, ayunábamos y comenzamos a idear experiencias para comunicarles las verdades de las Escrituras a nuestros amigos de formas pertinentes y creativas. Dos años después, cuando estaba en los últimos años de la secundaria, alrededor de mil jóvenes abarrotaban todas las semanas los blancos bancos de la iglesia y cientos llegaban a la fe. Sentíamos que éramos parte de un milagro de la era moderna.

Para mí, parte de ese milagro representó que aprendí a verme de otra manera debido a la forma en que Bill y Dave me veían. Los dos observaban mis capacidades y me daban oportunidades de experimentar. Me describían como una líder, una fuerza creativa, una persona que podía influenciar e impactar a otros. Dado que señalaban en mí estos dones, comencé a progresar un poquito más y a crecer en confianza. Estando con Dave, tuve la oportunidad de crear, en especial por medio del teatro. Organicé un equipo de actores y escritores, y también colaboré con la planificación general de nuestras actividades semanales. Bill reconocía mis capacidades para el liderazgo y me consideraba una catalizadora primordial en el grupo.

Cuando llegó la hora de separar al creciente grupo de jóvenes en grupos más pequeños, Bill y Dave decidieron que cada grupo sería liderado por un «capitán». Me preguntaron si podían reunirse conmigo y en esencia me dijeron: «Nancy, eres una líder pujante y podrías ser capitana de un equipo. No obstante, creemos que por ahora deben escogerse hombres. Tenemos un rol de liderazgo que pueden ocupar las chicas, a las que llamaremos "secretarias" [¡qué irónico!], y nos gustaría que acompañes como secretaria a uno de los muchachos capitanes más débil para que lo ayudes». Así que me convertí en la secretaria de un equipo liderado por Mark, un muchacho tan nuevo en la fe cristiana y cualquier forma de liderazgo que me pedía que escribiera cada una de las palabras que debía decirle a nuestro equipo. Funcionaba como una líder que era la sombra de Mark, el cual finalmente creció y se convirtió en un cristiano destacado que todavía desempeña un rol fundamental en nuestra iglesia.

Las mujeres en la iglesia donde crecí no lideraban desde el frente, excepto en los ministerios para niños y los grupos de mujeres. Los hombres eran diáconos; las mujeres diaconisas. Ser diaconisa en esencia requería del don de la hospitalidad, ya que las mismas suministraban alimentos para los necesitados y servían de otras maneras compasivas. Ninguna mujer servía en el cuerpo directivo de la iglesia ni tampoco hablaba desde el púlpito los domingos excepto para dar algún anuncio. Como una joven con el don del liderazgo, capté bien el mensaje: *No encajas*. No obstante, agaché la cabeza y decidí ser la mejor *secretaria* que podía ser. Por último, inicié el lanzamiento de un equipo de teatro para ese grupo de jóvenes, que aprovechó mi amor por las artes interpretativas y creativas.

A medida que seguí adelante con mis planes para la universidad, un trabajo en el mercado y con el tiempo la obtención de un título, continué explorando lo que significaba ser una mujer y una líder en varios escenarios. En el ámbito académico, así también como en el laboral, percibí muy pocos límites, si hubo alguno, en lo que podía conseguir. El tema del género se convirtió en una cuestión cada vez menor en esos ámbitos.

Puse mis ojos en un futuro dentro del mundo del cine y la televisión, pensando que tal vez podía ser determinante para Dios al traer una presencia y una perspectiva cristianas a Hollywood. Sin embargo, aun mientras estudiaba y me preparaba para una carrera como productora, una pequeña voz dentro de mí susurraba que quizás, solo quizás, mis dones deberían ser invertidos en la iglesia. ¡Siendo líder y artista, mi primera reacción a esa idea fue pensar que era una posibilidad totalmente frustrante! Pensaba que solo los menos creativos, los que no podían alcanzar el éxito en Broadway o Hollywood, terminaban trabajando en la iglesia local. A esa perspectiva, añádele el pequeño detalle de que era una mujer con dones de liderazgo, de modo que tal idea parecía casi absurda. ¿Dónde había visto que eso funcionara bien en la iglesia? ¿«La compañera con más posibilidades de tener éxito»? ¡No lo creo!

Como una joven con el don del liderazgo, capté bien el mensaje: No encajas.

Y aun así, ese constante susurro en mi corazón no encontraba sosiego. Un verano, estando recién casada y justo al terminar la universidad, luchaba con Dios en el patio trasero. Pasé horas y horas sentada allí contemplando mis posibilidades. Después de orar, escribir en mi diario e incluso discutir con Dios, al final le dije que sí a la idea que hacía tanto tiempo rechazaba. Acepté un puesto a tiempo completo dentro del personal de la iglesia resultante de aquel explosivo grupo de jóvenes: Willow Creek Community Church.

Mi título, directora de programación, describía un rol nuevo. Ahora era la persona responsable del ministerio de artes escénicas de la iglesia y de cada una de las secciones de los servicios semanales, exceptuando el mensaje. Le informaba al pastor principal, Bill Hybels, y servía dentro del primer equipo administrativo de la iglesia. Mi carrera como mujer líder de la congregación había empezado de manera oficial.

Había pasado mucho tiempo desde que aquella niña proyectara su futuro. A veces me gustaría volver atrás en el tiempo y sentarme en aquel sendero junto a esa pequeña que era hace tantos años atrás. Si pudiera captar su atención y mirarla a los ojos azules tan llenos de esperanza e incertidumbre, le diría lo siguiente.

Nancy Lee, Dios no cometió un error cuando te creó. Cuando los dones fueron repartidos en el cielo, los ángeles no dijeron: «¡Vaya! ¡Es una niña, así que no podemos darle el don del liderazgo!». La Escritura nos dice en 1 Corintios 12 que el Espíritu Santo distribuye los dones como quiere. Cada uno de los dones que tienes, Nancy, provienen de la mano de un Padre que te diseñó en el vientre de tu madre. Él se deleita al ver en qué persona te estás convirtiendo. No eres un accidente ni tampoco menos femenina porque te encante liderar, seas inteligente y estés llena de sueños y metas. Esos sueños nacen de tu Creador, junto con tus instintos para liderar y tu pasión por producir un impacto positivo. No tienes nada de malo.

Tan solo porque no veas en tu iglesia mujeres diestras en la tarea de liderar no significa que esto es lo que Dios planeó. Ten por cierto algo: un día se te pedirá cuentas por lo que hiciste con los dones que se te concedieron, por cómo usaste tu única vida. No pienses que escaparás fácilmente con la excusa de que eres mujer. Fuiste creada para liderar.

Por lo tanto, resiste, ya que estás al borde de una gran aventura, una aventura que probablemente ahora no te imaginas. El camino no será fácil, y a veces tendrás miedo, te sentirás sola y te preguntarás si vale la pena. Sin embargo, Dios nunca te dejará... Él tiene un plan para ti a fin de darte un futuro y una esperanza. Así que confía en él y nunca dejes de escuchar la suave voz que puso dentro de ti. ¡Y no te olvides de disfrutar del viaje!

Si eres una mujer líder y estás leyendo este libro, te pido que leas los tres párrafos anteriores una vez más, aunque con una variante importante: esta vez coloca tu nombre en lugar del mío. Esto se debe a que creo que este es el mismo mensaje que nuestro Creador tiene para ti. Sin lugar a dudas, no eres un error. Mi oración es que puedas involucrarte de lleno en la peligrosa y emocionante aventura de hacer un aporte con tu liderazgo al progreso del reino de Dios. Y espero que tú, al igual que yo, no te olvides de disfrutar del viaje.

Bienvenida al club de los varones

Cuatro pares de ojos masculinos me miraban fijamente. Los de Rory, Tom, Judson y Joel. Estos cuatro muchachos fueron mi primer equipo de trabajo en mi nuevo rol como «directora de programación» de Willow Creek... un título inventado por mi pastor para describir mi nueva posición. Era mi responsabilidad liderar a un pequeño grupo de personal contratado y muchos voluntarios en el proceso de programar y llevar a cabo nuestros cultos semanales. Ninguno de ellos había estado antes bajo el mando de una mujer. Aunque hacía años que servíamos juntos en la iglesia, ser una voluntaria al lado de ellos y ser su jefa eran dos cosas muy distintas. Aun así, ahí estaba, a punto de dirigir la primera reunión de equipo y sabiendo que era importante comenzar bien.

Respiré hondo y decidí que quizás un buen punto de partida sería ponernos al día. De modo que hice un par de preguntas para empezar, unas sencillas como: «¿Qué tal el fin de semana?», «¿Hicieron algo divertido?», «¿Cómo anda la familia?». Una vez que se dieron cuenta de que no iba a zambullirme de inmediato en la agenda, poco a poco empezaron a participar. Hice un esfuerzo por mostrar cierto grado de vulnerabilidad contando sobre mi fin de semana con mi esposo Warren y nuestros desastrosos intentos de reparar la ducha o una gotera en el techo. Estos muchachos apreciaron con gratitud estas historias sobre la ineptitud de mi marido para desempeñar tareas de albañilería. La mayoría de estos artistas no tardaron en sentirse identificados con un hombre que ni siquiera tiene una caja de herramientas adecuada. Y luego emprendimos juntos nuestro recorrido... cultivando la amistad mientras aprendíamos a abordar las tareas. Por último, el grupo creció hasta llegar a contar con ocho hombres que se autodenominaban «Los Beach Boys» a modo de un juego de palabras con mi apellido.

A los veintisiete años, no tenía demasiada experiencia como líder formal, pero sabía lo suficiente como para entender lo importante que era comenzar bien y construir relaciones caracterizadas por el respeto y la confianza mutua. Dado que reconocía lo mucho que aún necesitaba aprender, hice cientos de preguntas con el fin de desenterrar la habilidad de cada uno de los miembros del equipo. Rory y Tom me enseñaron sobre música; Judson y yo intentamos pensar una filosofía en cuanto al uso del arte dramático en la iglesia; y Joel me complementó en uno de mis puntos más débiles hasta ese momento, que era el de las artes técnicas.

No mucho tiempo después de desempeñar mi nuevo papel, me uní al primer equipo administrativo de la iglesia: un grupo de líderes que respondían directamente al pastor principal. Al principio ese equipo incluía solo a cuatro personas, de las cuales yo era la única mujer. Ellos eran mis compañeros, los líderes del ministerio a los que más necesitaba para colaborar, elaborar estrategias y aprender a jugar limpio. Ninguno de ellos había antes trabajado de cerca con una mujer líder. En aquellos primeros días, todos los martes nos amontonábamos en el auto de Bill Hybels e íbamos a almorzar a un restaurante de la zona, donde nos sentábamos en un rincón tranquilo y tratábamos las cuestiones de la iglesia. Años después, todavía recuerdo lo que la mayoría de ellos solía ordenar. Con el tiempo, el equipo creció hasta llegar a aproximadamente diez miembros, aunque durante muchos años continué siendo la única mujer. Finalmente, se nos unió otra mujer líder, seguida de un par más.

Décadas más tarde, me encontré entrando a una imponente sala de conferencias, un espacio ocupado por una mesa grande impresionante y alrededor de veinte cómodas sillas con ruedas. Me habían pedido que me uniera al consejo de la Asociación Willow Creek como un nuevo miembro del equipo de liderazgo. Acerqué mi silla a la mesa, miré a mi alrededor, y pensé: *Ay, no. Otra vez.* Era la primera mujer en formar parte de ese círculo de liderazgo con quince años de trayectoria.

En ese momento, me chocó: en cada uno de los equipos de liderazgo a los que me he incorporado con el correr de los años siempre me sentí como el experimento, la excepción, la única que a veces usaba una falda y no pertenecía al club de los varones. Me imagino que la experiencia no es tan distinta de la de cualquier persona que represente una minoría en cualquier círculo de líderes, ya se trate de sexo, raza o edad.

Mi presentimiento es que muchas mujeres quizás puedan identificarse con este tipo de experiencia. ¿Te sientes identificada? ¿Te sientes sola a veces a medida que trazas nuevos cursos para tu iglesia u organización paraeclesiástica debido a que tal vez seas la primera mujer en ese cargo? ¿Te preguntas si hay reuniones a las que no te invitan y roles para los que no te consideran solo por ser mujer? Tomando como base la cantidad de llamadas, conversaciones personales y correos electrónicos que recibo de mujeres en el liderazgo de la iglesia, sé que mi experiencia no es única.

La carga icónica

Hace poco leí una cita sorprendente escrita por Henry Louis Gates Jr, el estimado presidente del Departamento de Estudios Afroamericanos de Harvard, que de manera conmovedora describe sus vivencias como el único hombre de color en una variedad de escenarios. Él habla de lo que significa soportar la «carga icónica». Esas palabras saltaron de la página directo hacia mi mente y mi corazón. ¡Eso es justo lo que se siente! Muchos individuos que pertenecen a la minoría experimentan el peso de representar bien a toda la raza o sexo[1].

En cada uno de los equipos de liderazgo a los que me he incorporado con el correr de los años siempre me sentí como el experimento, la excepción, la única que a veces usaba una falda y no pertenecía al club de los varones.

No estaba dispuesta a admitir la intensa presión que sentía como «mujer icónica» hasta hace poco, cuando me tomé seis meses sabáticos a fin de descansar, sanar y discernir la orientación para la próxima temporada del ministerio. Mientras hacía anotaciones en mi diario y resolvía algunas experiencias difíciles con un consejero profesional, era imposible negar el peso de la carga que había estado llevando. En lo más profundo, sabía que si estropeaba algo (en lo moral, lo profesional o de cualquier otro modo), otros se abalanzarían y dirían: «¡Miren! Eso es lo que pasa cuando colocas a una mujer en el liderazgo de la iglesia». Me sentía impulsada a ser un modelo de conducta sólido por causa de las mujeres que vienen detrás de mí, con la esperanza de hacer que sus senderos sean solo un poco más llanos. Una vez que comencé a reconocer el estrés de desempeñar mi rol, me sentí libre para contemplar mi trayecto de una manera más objetiva y buscar oportunidades a fin de contarles a otros mi historia y mi carga en vez de vivir aislada.

Mi propio sentido de soledad estaba cimentado en gran parte en el hecho de que carecía a diario de modelos de conducta. El personal de Willow allá por la década de 1980 sin duda contaba con muchas mujeres, pero ninguna de ellas en ese momento servía en los roles de liderazgo principales. Había dos mujeres que sí servían en el cuerpo de ancianos de nuestra iglesia en ese tiempo, pero nunca estuve presente en sus reuniones y no puede verlas en acción. La mayoría de las mañanas, mientras iba de camino a la oficina, mi mente estaba enfrascada en el desafío de organizar el ministerio de artes escénicas, cumplir la tarea de expandir nuestro equipo, y planear reuniones poderosas y pertinentes. No podía darme el lujo de invertir un montón de energía tratando de descubrir de qué modo liderar como la primera mujer en el equipo administrativo.

Primero el carácter

Al mirar hacia atrás, ahora veo que Dios me mostró su gracia en abundancia durante esos años de formación en el liderazgo. Aunque me sentía sola y no tenía mujeres líderes como mentoras, mi Creador me había otorgado algunos instintos que me permitieron evitar lo que podrían haber sido caídas sumamente destructivas a medida que intentaba encontrar mi camino en el club de los varones. El más importante de esos instintos fue la intuición de que, por sobre todas las cosas, lo que mayor significado tendría en mis intentos de liderar y relacionarme con eficacia sería mi carácter. De modo habitual, cuando escuchamos la palabra *carácter*, pensamos en si una persona es honesta, ética y digna de confianza. Yo empleo la palabra en un sentido mucho más amplio, tal como lo hace Henry Cloud en su magnífico libro *Integrity* [Integridad]. Henry recalca que «lo que una persona es determinará en última instancia si su inteligencia, sus talentos, sus competencias, su energía, su esfuerzo, sus capacidades para los negocios y sus oportunidades tendrán éxito»[2]. El carácter es, en esencia, el lado vulnerable del liderazgo, y abarca quiénes somos cuando nadie nos está mirando y cómo nos relacionamos con los demás.

Si esta comprensión de lo que incluye el carácter parece muy amplia, quizás un ejemplo ayude. Hace poco entablé amistad con una mujer llamada Marlinda Ireland, una pastora que lidera el ministerio de adoración en la Iglesia de Cristo en Montclair, Nueva Jersey. Cuando nos conocimos, quedé impresionada por su carácter pensativo y reflexivo, su evidente inteligencia y su elocuencia. En aquella oportunidad, disertamos en la misma conferencia, hablamos por teléfono e intercambiamos correos electrónicos. Sin embargo, no fue hasta hace poco que tuve la oportunidad de visitar a Marlinda en su casa y verla actuar entre los artistas que lidera en su iglesia. Observar cómo Marlinda se relacionaba con su grupo de trabajo me confirmó aun más que ella es una mujer de carácter firme. Observé con cuánta gentileza Marlinda lideraba y le daba instrucciones a su equipo, con cuánta frecuencia les transmitía palabras de aliento, con cuánta atención escuchaba sus aportes y sopesaba sus decisiones. Vi el reflejo del carácter de Marlinda en la cultura que ella había creado en la Iglesia de Cristo a lo largo de los años de inversiones relacionales que llevó a cabo allí. No podemos separar la manera de relacionarse de una persona con los demás de nuestra comprensión fundamental de lo que es el carácter.

Mucho se ha escrito en los últimos años acerca de la necesidad de desarrollar una inteligencia emocional y relacional en todos nuestros vínculos de trabajo. Los estudios revelan que estas habilidades son los mayores determinantes para lograr el éxito prolongado, por encima de todos los otros rasgos, en cada una de las áreas. Si bien quisiéramos que no importara tanto, la verdad es que los líderes reciben apoyo y son seguidos cuando son personas simpáticas, cálidas, dignas de confianza y con quienes dé gusto estar. Esto se aplica tanto a hombres como a mujeres.

Cuando se trate de enfocarnos en el carácter, te animo a que pongas tu atención en al menos cuatro rasgos clave: la humildad, la confianza en ti misma, el sentido del humor y la integridad.

> *El más importante de esos instintos fue la intuición de que, por sobre todas las cosas, lo que mayor significado tendría en mis intentos de liderar y relacionarme con eficacia sería mi carácter.*

Humildad

Durante mucho tiempo pensé que la humildad significaba despreciar de continuo los dones de uno, asegurándonos de este modo de atribuirle absolutamente todo a Dios o andar por la vida con una baja opinión de uno mismo. No obstante, este no es un retrato bíblico de la humildad. La humildad es, en esencia, mirarse a sí mismo con ojos sobrios y no estar tan absorto en la propia persona, de modo que pasemos por alto el papel del Señor soberano así como también el increíble valor y los aportes de los demás. Me gusta la paráfrasis que Eugene Peterson hace de la perspectiva de Pablo en cuanto a este asunto: «No te hagas ver; no consigas lo que quieras usando artimañas [...] no te obsesiones con sacar provecho para ti mismo» (Filipenses 2:3, *The Message*).

Todos nosotros somos capaces de oler la soberbia cuando estamos alrededor de ella. Un líder orgulloso se distancia de los demás asumiendo una actitud que con sutileza o descaro muestra que todo en realidad gira en torno a él. Una mujer líder puede ser propensa a expresar orgullo al querer conseguir aprobación, anhelar ser vista o tratar de obtener el crédito por cualquiera de sus ideas. Si siento que el orgullo se acerca sigilosamente a mi alma, al instante hago una inspección interna para discernir la fuente de ese sentimiento. La mayoría de las veces, el orgullo nace debido a un enfoque insuficiente de la maravilla y la majestad de Dios, y al dar por sentadas su gracia y sus bendiciones. Arraigarme en la verdad de quién es Dios (y quién soy como su hija) me lleva a un sitio firme de genuina humildad.

El rey Salomón, un joven lleno de riquezas, dominio y poder sin igual, tenía más razones que la mayoría de nosotros para hincharse de orgullo. Cuando Dios le ofreció darle cualquier don o tesoro que pudiera querer, todos sabemos que Salomón pidió el don de la sabiduría. Me sorprende lo que él le dice a Dios justo antes de hacer su petición: «No soy más que un muchacho, y apenas sé cómo comportarme [...] Yo te ruego que le des a tu siervo discernimiento» (1 Reyes 3:7,9). Salomón se veía antes que todo como un muchacho que necesitaba con desesperación la guía de su Padre celestial. Siempre que nos vemos exactamente desde esa perspectiva, la humildad es un resultado natural.

Cuando mi ministerio ha prosperado en épocas de crecimiento, cuando siento como si todo progresara y se dirigiera al rumbo correcto, tengo vergüenza de admitir que a veces dejo que el orgullo se acerque sigilosamente. Durante esos períodos de éxito reconozco haber permitido que en lo más profundo de mí me crea mucho más responsable de los frutos de lo que en realidad soy. No obstante, luego recibo un llamado de atención. Uno de ellos tuvo lugar hace algunos años cuando una conferencia que había organizado y dirigido no alcanzó la concurrencia estimada. Estaba muy decepcionada y me sentía un fracaso. Esos son momentos en que el orgullo se derrumba y una vez más nos vemos igual que Salomón: como un muchacho. Si bien anhelo ser humilde ya sea que mi ministerio prospere o se tambalee, sé que soy propensa a depender más de Dios cuando estoy desesperada. Estoy aprendiendo a reconocer su gracia y provisión aun en tiempos de éxito, así como a darle la alabanza y la gratitud que tanto merece.

Confianza en ti misma

Muchos líderes cristianos se preguntan si es posible ser humildes y tener confianza en sí mismos al mismo tiempo. Por algún motivo, consideramos esto una contradicción. Una vez más creo que tenemos una visión incorrecta de lo que es la verdadera humildad.

Dios quiere que sus líderes dirijan con diligencia y valentía, en especial cuando somos llamados a proyectar una visión e inspirar a la gente. Cuando consideramos a las mujeres que lideraron en la Biblia, como Miriam, Ester, Débora y Priscila, vemos expresiones de confianza dadas por Dios que resultaron en grandes ganancias para el reino. Nadie quiere seguir a un líder que es indeciso y siempre corrige sus decisiones y puntos de vista a posteriori.

Cuando estaba a cargo del ministerio de artes escénicas de la iglesia, tenía que tomar un sinfín de decisiones todos los días. Había momentos en que de todo corazón quería diferir algunas de esas decisiones, recolectar más información, delegarle la responsabilidad a otro en lugar de tener el valor una vez llegado el momento de hacer el llamado, ya fuera bien o mal.

Muchos de nosotros también sentimos un desequilibrio cuando intentamos liderar con confianza, ya que tememos llegar a ser muy ambiciosos o de algún modo buscar poder. A menudo me he preguntado si la clase correcta de santa ambición (un deseo de liderar y producir un impacto positivo) podría conducirme por el sendero de la arrogancia. ¿No crees que este dilema se profundiza en los círculos cristianos? Una mujer cristiana piadosa con frecuencia es vista como una persona sumisa, gentil, tranquila, tierna y que sirve desde un segundo plano. ¡Todos estos rasgos son maravillosos, pero algunas de nosotras fuimos diseñadas con personalidades caracterizadas por la fortaleza, y otras no somos tan tranquilas!

A menudo tengo conversaciones telefónicas con mujeres que forman parte del liderazgo en otras iglesias. Una de esas mujeres, Jayne Post, recién nombrada directora de los ministerios de evangelismo en su iglesia en Las Vegas, es también conferencista profesional y actriz. Todos los que la conocen al instante detectan su personalidad enérgica y sociable. ¡Cada vez que Jayne entra a una sala, algo sucede! Ella es una líder fuerte y valiente que inspira a los grupos a superarse y enfrentar duros desafíos en el ministerio.

Muchos de nosotros también sentimos un desequilibrio cuando intentamos liderar con confianza, ya que tememos llegar a ser muy ambiciosos o de algún modo buscar poder.

Cuando Jayne y yo hablamos por teléfono, me doy cuenta de que intenta encontrar su camino en su nuevo rol en la iglesia. Está tratando de ser sensible a las expectativas de los líderes varones que consideraron pertinente concederle la oportunidad en primer lugar, pero no a costa de aplacar por completo su personalidad. A veces se pregunta si alguna vez encajará dentro del contexto de una iglesia. Afuera, en el mundo profesional, la mayoría ve su confianza como un rasgo positivo. Sin embargo, en la iglesia, algunos amigos no están tan seguros. Si un hombre exhibe ciertas conductas, puede decirse que es firme. Una mujer que se comporta del mismo modo a menudo es catalogada de agresiva... o de algo peor. Jayne está intentando ser ella misma mientras permanece dentro del club de los varones, y yo la aliento a que siga experimentando, busque las opiniones honestas de sus colegas, y evite cambiar toda su personalidad en un intento de encajar en una imagen impuesta por otro. Jayne entiende que en cierta medida está abriendo el camino para aquellas mujeres que vienen detrás de ella.

Muchas mujeres líderes se descubren pidiendo disculpas por la pasión y los objetivos que tienen, mostrándose indecisas y dudosas al momento de tomar decisiones. Esto sucede también en los ámbitos no eclesiales. Por ejemplo, la actriz Amy Poehler describió cómo era ser una de las pocas mujeres que producen *Saturday Night Live* diciendo: «A las mujeres a menudo se las hace

Bienvenida al club de los varones

sentir audaces si deciden ser directoras o productoras o la escritora principal. A veces se manifiesta esa extraña sensación de que estamos acaparando mucho espacio»[3].

¡Debemos dejar de pedir disculpas por los dones y las oportunidades que tenemos! No estamos acaparando mucho espacio si procuramos cumplir un llamado de Dios... un llamado que puede exigir que nos sobrepongamos a nosotras mismas, tomemos aire y comencemos a liderar.

Cuando entro en un ámbito en el que la mayoría de los líderes, si no todos, son hombres, tengo que pasar mucho tiempo sumida en un monólogo interno para reafirmar mi propia confianza y convencerme de que soy parte de ellos. No hace mucho tiempo, mientras servía fuera de la ciudad, se me pidió que participara en una cena para pastores. Varios de estos hombres son muy conocidos en el mundo eclesiástico, y yo constituía la única mujer en la mesa que no era una de sus secretarias. Al principio de la cena, me sentí un poco intimidada y fuera de lugar. Y entonces me susurré: *Tan solo charla con estos hombres y no intentes impresionarlos. Se te invitó a que te unieras a este círculo, así que sé tú misma y deja que la conversación fluya. Considera lo que puedas aprender y aporta al diálogo desde tu propia experiencia.* Terminé disfrutando de aquella cena y la rica conversación en vez de retraerme y comportarme como si no fuera bienvenida.

En realidad es posible que una persona sea humilde y *a la vez* segura de sí misma. Dios creó al hombre y a la mujer con dones e inteligencia, y espera que administremos esos dones con valentía, avancemos con nuestros ojos puestos en él, y lideremos con la intensidad, la visión y el entusiasmo que nos da. Aun si nos hallamos en contextos donde la gente no está acostumbrada a que las mujeres muestren confianza, no debemos contener nuestros esfuerzos por manejar las tensiones que existen entre la gracia y la valentía, la colaboración y la firmeza, la fortaleza y la vulnerabilidad.

Humor

A lo largo de mi trayectoria como una mujer líder de la iglesia, uno de mis mayores aliados fue el sentido del humor. Muy a menudo comenzamos a considerarnos y a tomar nuestras situaciones con tanta seriedad, que perdemos el espíritu de diversión y descubrimiento que convierte cualquier experiencia en el ministerio en una experiencia de alegría antes que en una batalla constante. Me he reído con mis compañeros de ministerio hasta dolerme el estómago más veces de las que puedo contar. Los muchachos con los que trabajo son testigos de lo rápida que soy para reírme de mí misma... porque muy seguido cometo errores y hago cosas que son dignas de risa.

Hace aproximadamente un año me uní a otro grupo que estaba previamente integrado solo por varones. Esos cuatro muchachos habían trabajado durante varios años de manera eficaz y eran conocidos por las relaciones de confianza y respeto mutuo que mantenían. Sabía que se estaban arriesgando mucho al incorporarme a su círculo de confianza, ya que durante mucho tiempo habían estado cómodos siendo un grupo solo de hombres. Hacía poco que estaba con ellos cuando un día pasamos casi noventa minutos juntos en un auto al regresar de un compromiso al sur de Chicago. Nos empezamos a reír de algunos de los percances de esa reunión y pude sentir la calidez que nació de vivir juntos esa experiencia.

Entonces decidí correr el riesgo. Les conté algo gracioso que sucedió cuando aún era novia de mi esposo, una historia que reveló mi asidua tendencia a avergonzarme a mí misma al usar la palabra incorrecta.

A medida que contaba la historia, mis colegas estallaron de risa y sentí que algunas de las barreras en nuestra relación se derrumbaban. Eso es lo que hace el humor la mayoría de las veces. Relájate y disponte a reírte de ti mismo y a reír con tus colegas... tus cargas se harán más livianas y el ministerio resultará mucho mas divertido.

Relájate y disponte a reírte de ti mismo y a reír con tus colegas... tus cargas se harán más livianas y el ministerio resultará mucho mas divertido.

Integridad

En su libro Integrity [Integridad], Henry Cloud nos recuerda que todo líder deja una especie de estela, tal como un bote deja una estela mientras navega por el agua. La pregunta es qué clase de estela, o legado, estamos creando día a día. Cloud pregunta lo siguiente sobre aquellos a los que lideramos: «¿Dirían ellos que su experiencia con nosotros los ha hecho mejores por nuestra manera de relacionarnos, o dirían que los hemos dejado peor?».

Al final, nada será más importante que la integridad que muestre un líder. ¿Estamos pareciéndonos más a Jesús en nuestro grado de amor, bondad, gozo, honestidad, sabiduría y todos los otros frutos de una vida controlada por el Espíritu? ¿Estamos dispuestos a enfrentar y luchar con las verdades acerca de nosotros mismos y las realidades de nuestro ministerio? Puede que no sea justo, pero en algunos contextos las mujeres hasta seremos examinadas más de cerca debido a nuestro carácter, por lo que necesitamos prestarle cuidadosa atención a nuestras almas a fin de pasar la prueba.

Día tras día tengo que considerar preguntas como: *¿Quién soy cuando estoy sola, cuando me relaciono con mi esposo e hijas, cuando tengo la oportunidad de hablar mal de otro líder para reforzar mi perfil, cuando puedo elegir cuidar a mi vecino o esconderme en mi casa, cuando saco mi chequera y veo dónde invierto mis recursos, cuando no estoy de acuerdo con otros en una reunión?* Las respuestas a estas preguntas son las verdaderas pruebas del carácter. Todas estas circunstancias y cientos de otras más suman a una estela de integridad o a la estela de un carácter débil, concentrado en uno mismo. Debo inclinarme a las disciplinas espirituales (la soledad tiene mucho valor para mí) y apelar a la honestidad de algunos amigos que me aman si quiero tener alguna esperanza de vivir de la forma piadosa en que deseo hacerlo. Ninguna aptitud para el liderazgo, no importa cuán desarrollada esté, ni ningún talento natural pueden compensar la falta de integridad.

Todos tenemos en mente el nombre de un líder que nunca alcanzó su potencial debido a que mostró debilidad en uno o más de estos rasgos. En mi primer empleo fuera de la universidad, mi jefe era un hombre al que muchas personas consideraban sobresaliente en el campo de las comunicaciones corporativas. Había edificado una sección en una firma contable muy prestigiosa con una gran calidad de personal, equipo de capital y resultados extraordinarios e incomparables. Sin embargo, a nadie le gustaba trabajar para este hombre. En realidad, todos le teníamos miedo y estábamos atrapados en una red de relaciones disfuncional que era deshonesta y ponía trabas al gozo, la libertad y la creatividad. La mayoría de los empleados ocultaban sus inquietudes en cuanto al jefe. No obstante, finalmente la verdad se filtró, llegando a las autoridades por encima de él, y trajeron a un muy cotizado asesor

Ninguna aptitud para el liderazgo, no importa cuán desarrollada esté, ni ningún talento natural pueden compensar la falta de integridad.

para que evaluara la situación e hiciera recomendaciones a fin de lograr un cambio.

El asesor tuvo una cita con cada uno de nosotros de forma individual con la promesa de mantener anónimos nuestros comentarios, pero investigando a fin de captar nuestra experiencia. Nunca olvidaré el día en que el personal se reunió fuera del ámbito diario en un contexto neutral y el jefe entró a una sala de conferencias cuyas paredes estaban llenas de notas con los comentarios que sus empleados habían hecho sobre él. Parecía que se estaba llevando a cabo una intervención, y cuando todo fue dicho y hecho, ese hombre finalmente perdió su prestigioso empleo. No le faltaba talento; le faltaba carácter.

Elige enfocarte en la humildad, la confianza en ti misma, el humor y la integridad si esperas ser eficaz a largo plazo. Los hombres y las mujeres harán fila para seguirte si esos son tus rasgos. Cuando cometas errores, como todos, es probable que otros estén mucho más dispuestos a responder con gracia, ayudarte a corregirlos y seguir adelante. Nunca, pero nunca, mientas en cuanto al desarrollo de tu carácter.

Para aquellas que no están invitadas al club de los varones

Me doy cuenta de que algunas mujeres han leído este capítulo con un nudo en la garganta. Si eres una de ellas, quizás te encantaría unirte al club de los varones y poner en práctica tu carácter firme, pero te encuentras en un contexto de iglesia donde se te niega la oportunidad de liderar o enseñar. Me he encontrado con muchas mujeres que se sienten de esta manera y he visto de cerca el dolor y la frustración que experimentan. También he leído sus palabras en cartas y correos electrónicos y escuchado el clamor por comprender lo que Dios espera de ellas cuando el sendero para usar sus dones parece estar obstruido, es arduo, espinoso y sin esperanza de cambio. ¿Te sientes así?

Al cierre de una conferencia europea en la que participé como disertante, una mujer se puso en la fila para hablar conmigo. Con lágrimas en los ojos, me contó que no le daban la oportunidad de liderar en su iglesia más que en los ministerios para niños o entre las mujeres. Sus pasiones la empujaban en otras direcciones, pero cada vez que intentaba abrir una puerta, la misma se cerraba. Me preguntó qué le aconsejaba hacer, ya que sentía la responsabilidad de maximizar sus dones y aun no podía hallar un camino hacia el cumplimiento de ese objetivo.

Teresa es otra mujer que conozco que es absolutamente brillante y por el momento se desempeña como decana de los estudiantes en una respetada universidad teológica. Con fuertes dones para el liderazgo y la enseñanza, es alguien de quien puedes esperar que busque expresar esos dones en su iglesia. Lamentablemente, este no es el caso. Aparte de dar algunos talleres y clases, no fue invitada a unirse al círculo íntimo del liderazgo estratégico y la enseñanza en su iglesia. De lunes a viernes, Teresa abunda en el uso de sus dones. Sin embargo, los domingos aprendió a ocupar los últimos asientos.

Sara hace poco aceptó el rol de directora de producción en su iglesia. Ese puesto antes lo ocupaba un hombre que era parte del grupo de liderazgo de la iglesia, compuesto por diez miembros. No obstante, el puesto original sufrió cambios cuando Sara se unió al consejo, en parte porque no era aceptable que ella formara parte del grupo de liderazgo integrado solo por hombres. Sara asiste todos los días y cumple su tarea con gozo y excelencia, sabiendo que no será invitada a unirse al resto.

Podría contar muchas historias más de diferentes tipos de iglesias y varios países distintos. Puede que los detalles varíen, pero el espíritu de la conversación es el mismo. Todas estas mujeres sufren dolor y frustración a medida que buscan vivir aquello para lo cual creen que Dios las diseñó. Cuando me miran a los ojos buscando consejo, al instante oro pidiendo sabiduría. Dar un consejo rápido sobre asuntos tan complejos nunca es una buena idea. Quizás puedas identificarte de alguna manera con los relatos de estas mujeres. Con gran cuidado, trataré de detallarte lo que a menudo digo en esas difíciles charlas.

Creo que Dios guía a las mujeres líderes en una de dos direcciones. Primero, Dios puede guiarte a permanecer allí donde estás, desempeñándote con eficacia en cualquier rol que se te conceda, sin importar cuán pequeño sea, en un intento de ser un ejemplo. Dios puede elegir usarte a través del tiempo a fin de dibujar una vívida imagen del potencial de las mujeres para producir un impacto positivo, y tal vez, solo tal vez, podrás ser una catalizadora de futuros cambios. Es posible que no veas mucho progreso en tu iglesia local o denominación durante tu vida, pero aun así Dios puede llamarte a permanecer con fidelidad en el lugar donde estás.

La segunda dirección que a veces Dios te muestra es darte la libertad de buscar otra iglesia en la que puedas expresar tus dones con menos restricciones. Nunca aconsejo abandonar una iglesia de manera apresurada, sin buscar primero orientación ni comprometerte a llevar a cabo un ferviente proceso de oración. Debes estar absolutamente segura, por medio de conversaciones edificantes y amorosas con los líderes de la congregación, de que las puertas en verdad están cerradas para que lideres en tu iglesia. Si estás casada, es importante evaluar con tu esposo la alternativa de dejar la iglesia, así como con algunos amigos cercanos que conozcas y te acompañen durante el proceso. Si tomas la decisión de irte, haz todo lo que puedas para hacerlo bien... no con enojos ni palabras que un día lamentarás. Sigue el camino cuesta arriba con un carácter firme, aun cuando tengas que marcharte.

Ya sea que Dios te guíe a permanecer donde estás y liderar lo mejor que puedas o a hacer una transición hacia otra iglesia, es de suma importancia que sigas trabajando con un espíritu de gracia y humildad. En la mayoría de las iglesias y denominaciones, el cambio es un proceso lento, con frecuencia más lento de lo que nos gustaría. No obstante, si desarrollamos un carácter piadoso y vivimos siendo excelentes ejemplos de mujeres en el liderazgo, el cambio puede venir con el tiempo y vendrá. Muchas de nosotras en unas décadas miraremos hacia atrás y veremos cuánto se progresó, aun cuando el presente parezca frustrante y desalentador. Dios edificará a su iglesia y seremos parte de un avance en el reino que es más grande y significativo que cualquiera de nosotros de forma individual.

Mi propia experiencia no careció de dolor ni frustración, aunque reconozco que tuve más oportunidades y libertad para liderar que la mayoría. Las palabras de David en el Salmo 18 son de gran aliento para mí:

Tú das la victoria a los humildes,
  pero humillas a los altaneros.
Tú, Señor, mantienes mi lámpara encendida;
  tú, Dios mío, iluminas mis tinieblas.
 Con tu apoyo me lanzaré contra un ejército;
  contigo, Dios mío, podré asaltar murallas [...]

Es él quien me arma de valor
  y endereza mi camino;
da a mis pies la ligereza del venado,
  y me mantiene firme en las alturas [...]
  tu bondad me ha hecho prosperar.
Me has despejado el camino,
  así que mis tobillos no flaquean.

vv. 27-29,32-33,35b-36

Servimos a un Dios que está sumamente consciente de lo solas que muchas veces nos sentimos y lo desafiante que puede ser el ministerio en la iglesia. Escojamos confiar en Dios para que él ensanche nuestros caminos y nos conceda sabiduría a medida que transitamos. Tengo que creer que si nos enfocamos en forjar nuestro carácter, si crecemos en confianza, gracia y humildad, algún día el término «club de los varones» dejará de ser usado para describir el liderazgo en la iglesia local.

Hagamos la obra

A través de los años, nuestro equipo administrativo en Willow ha empleado la habilidad de varios asesores con el fin de obtener una perspectiva fresca en cuanto a nuestra iglesia y nuestro equipo de liderazgo. Hace muchos años, trajimos a un asesor que resultó ser una mujer. Ella era sumamente inteligente y colocó sobre la mesa un impactante currículum vítae. Sin embargo, a escasos minutos de su primera reunión con el equipo, tuve la intuición de que no duraría demasiado. Sin duda conocía su tarea, pero aprovechaba cada oportunidad que tenía para hacer un comentario relacionado con su orden del día, y había una cierta tensión en su estilo de comunicación. Daba la impresión de ser alguien que agitaba un cartel que decía: «Soy mujer. ¡Escuchen mi rugido!». Tal como lo sospechaba, los muchachos del equipo no tenían una buena química con ella y no la volvieron a invitar. Esa fue una lección muy vívida que como líder joven jamás olvidaré.

Con un fuerte enfoque en el carácter como el fundamento firme, debemos en definitiva comenzar a hacer la obra que fuimos llamadas a realizar como mujeres. Nuestra reputación como líder se forja en los momentos cotidianos y a menudo comunes de charlas, encuentros, así como en los proyectos que iniciamos y aquellos en los que participamos. En última instancia, seremos evaluadas por nuestros resultados y el ambiente que generemos en los equipos que lideremos. Se nos demandará perseverar y mostrar una firme ética laboral, descubrir y liderar desde nuestro estilo único, y hacer elecciones sabias y pertinentes mientras trabajemos de cerca con los hombres.

Trabaja duro y gánate el respeto

Nunca quiero que el hecho de ser mujer se convierta en el punto central de mi trabajo, y sería ideal que ninguno de los otros líderes con los que me desempeño tampoco lo considere un asunto importante. Mi sexo en verdad no es el punto. Los hechos hablan más fuerte que las palabras, así que quiero concentrarme en cumplir la tarea lo mejor que pueda. En definitiva, esto es lo que permite ganarse el respeto. En caso de que surja la cuestión del sexo, quiero que sea más bien una idea de último momento, algo como: «Ah, por cierto, nuestra directora de programación o la pastora a cargo de la enseñanza es una mujer». Esto no significa que defienda la negación del sexo ni que trate de disfrazarlo. Es solo que no creo que darle mucho lugar a mis inquietudes como mujer dentro del equipo, o quejarme constantemente del bajo porcentaje de mujeres en el liderazgo, sea de mucho beneficio. ¿No sería más provechoso para todos ver los dones de cualquier persona (hombre o mujer) y llegar a la conclusión de que es evidente por qué a esa persona se la ha dado el manto del liderazgo? Una vez que las mujeres se hayan ganado la confianza y el respeto, podremos abordar estas cuestiones según la guía del Espíritu Santo y convertirnos en defensoras de que otras mujeres también encuentren su lugar.

Nunca quiero que el hecho de ser mujer se convierta en el punto central de mi trabajo, y sería ideal que ninguno de los otros líderes con los que me desempeño tampoco lo considere un asunto importante.

En la parábola de los talentos, el siervo que enterró sus dones en vez de invertirlos es aquel a quien Jesús le dio la más dura represión. Al siervo que explotó al máximo los talentos que le fueron confiados, Jesús le dijo: «¡Hiciste bien, siervo bueno y fiel! Has sido fiel en lo poco; te pondré a cargo de mucho más» (Mateo 25:23). Tengo el desafío de aceptar cualquier tarea que se me dé, aun aquellas que considero nada importantes ni emocionantes, y cumplir la responsabilidad haciendo mi mayor esfuerzo. Es la acumulación de innumerables conductas y acciones (con mayor frecuencia de las pequeñas cosas) lo que con el tiempo comienza a ser evidente.

Mi compromiso con un trabajo esforzado me demanda a menudo evaluar mi aporte y liderazgo haciéndome a diario preguntas como las siguientes:

- ¿Preparé este proyecto con pasión y claridad?
- ¿Llego a tiempo a las reuniones y participo plenamente en los debates?
- ¿Estoy dispuesta a escribir y volver a escribir varios borradores para cualquier presentación o documento, aspirando a emplear el vocabulario más preciso y descriptivo en vez de tomar el camino del menor esfuerzo?
- ¿Cumplo mis promesas?
- ¿He dejado en claro cuál es la visión para mi equipo de modo que todos tengan el mismo libreto y estén seguros por completo del papel que desempeñan a medida que buscamos cumplir nuestra misión?
- ¿Estoy supervisando con la suficiente frecuencia a mi equipo de manera que pueda definir con objetividad lo que en verdad sucede y si somos o no tan eficaces como creemos que somos?
- ¿Estoy administrando mi tiempo de manera eficaz y enfocándome en las prioridades más importantes la mayor parte del día?

Hay una joven dentro del personal de la iglesia que representa de continuo lo que significa trabajar arduamente. Heather ingresó hace alrededor de nueve años a nuestro ministerio dirigido a los de veintitantos años, donde aceptó varios roles incluyendo el de liderar a los responsables de los grupos pequeños y dirigir nuestros esfuerzos para brindarle compasión y justicia social a ese equipo. Con el tiempo, Heather también comenzó a realizar varios comunicados desde el frente en sus reuniones. En la actualidad, ella es la directora de nuestro ministerio Relaciones Mundiales, donde mi esposo es líder también. Ahora, a menudo escucho halagos sobre Heather en casa y también en la iglesia.

A lo largo del desempeño de Heather, los líderes principales han observado en ella un gran potencial. Cada vez que se le nombra, otros líderes están dispuestos a alabarla. Heather demuestra excelencia, competencia, habilidad, esfuerzo y una tremenda intuición en cada tarea que se le asigna. No me sorprende en absoluto que sea considerada una de las líderes jóvenes más fuertes en nuestra comunidad, ni que se le pida con tanta frecuencia que dé comunicados frente a toda la congregación.

Para Heather, el punto nunca ha sido ser mujer. Ella es una devota seguidora de Cristo, una líder y una sierva. Está clarísimo que se le deberían dar mayores desafíos en el liderazgo, ya que se ha ganado el respeto de aquellos que sirven junto a ella todos los días. Todos podemos aprender del ejemplo de Heather: haz bien la obra y te ganarás el respeto. Un líder debe realizar la obra según el don que le fue dado por Dios... y esto requiere que seamos extremadamente conscientes de nosotros mismos y nos sintamos cómodos con nuestra forma de ser.

Sé fiel a tu propio estilo de liderazgo

Dado que comencé teniendo pocas mujeres como modelos de conducta en cuanto al liderazgo, fui tentada a copiar los estilos de liderazgo de los hombres fuertes con los que trabajé en el ministerio. Bill Hybels es un líder visionario que capta la imaginación y la pasión de sus seguidores con una visión claramente articulada y una comunicación poderosa. Observé a otros hombres que se destacaron como líderes estratégicos que podían ayudarnos a contemplar el gran panorama y el plan que estaba por delante; otros eran líderes tácticos que con diligencia dirigieron la operación de la iglesia prestándole tremenda atención a los detalles y el proceso. Y otros más se destacaron por lograr el consenso entre diversos voluntarios.

En aquel entonces no entendía que cada líder es creado de manera diferente y cada uno aporta su estilo único a las tareas del liderazgo. Algo dentro de mí sabía que yo era otra clase de líder distinta de los hombres que eran mis compañeros... distinta no porque fuera mujer, sino por la forma en que Dios me había diseñado. Los estilos de liderazgo no están definidos según el género. Un líder necesita descubrir de qué manera puede lograr la mayor eficacia en su rol y entonces apoyarse en ese punto fuerte mientras añade a lo largo del camino otras habilidades y capacidades.

Algunos podrían describir mi estilo de liderazgo como más femenino, lo cual hizo de esto un asunto un tanto delicado durante los primeros años a medida que intentaba encontrar mi camino. Soy la clase de líder a quien le gusta fomentar la comunión. Impulsada por el deseo de formar un equipo donde los miembros lleguen a conocerse y amarse mutuamente mientras trabajamos juntos, hago realidad todas las funciones del liderazgo teniendo en mente ese fin.

En mis años de líder novata, mis compañeros varones dentro del equipo administrativo podrían haber descrito mi estilo de liderazgo diciendo que era nutritivo. Con frecuencia se reían de mis retiros y los distintos tipos de experiencias «cariñosas» que emprendía con mi equipo. La mayoría de los otros líderes de los grupos administrativos estaban más enfocados en la tarea en sí, insinuando que quizás el equipo de artes escénicas podría hacer mucho más si no estuviéramos tan preocupados por conocernos y cuidarnos. Una vez más, comencé a sentirme sola en mi enfoque hacia el liderazgo. Sin embargo, sabía que no podía liderar con autenticidad de otra manera. Estoy absolutamente interesada en fomentar la comunión.

Los estilos de liderazgo no están definidos según el género.

El tiempo reveló que liderar siguiendo mis instintos y pasiones naturales para formar un equipo trajo buenos resultados a la iglesia y también entre los artistas. El equipo administrativo al final me reconoció como la líder con el equipo que permaneció más tiempo unido y que realizó también un trabajo excelente. El gozo y la unidad de nuestro equipo eran inconfundibles.

Hace poco me reuní para almorzar con los primeros miembros del equipo con los que hace tantos años comenzamos a trabajar. Ahora estamos diseminados en otros grupos y distintos ministerios, pero a veinte años de haber comenzado juntos, el vínculo se mantiene firme. Los seis nos juntamos a almorzar un vez al mes, ya que no podemos imaginar dejar de reunirnos por el solo hecho de que nuestros caminos se hayan separado. No cambiaría ese tesoro por nada. ¡Cuán agradecida estoy por no haberme conformado a un molde de liderazgo en particular!

Desafío a todos los líderes, hombres y mujeres, a que descubran el estilo de liderazgo único que poseen y luego lo hagan realidad con pasión y confianza. El mundo y la iglesia necesitan toda clase de líderes. Cada vez que veo a un hombre dirigir a un equipo fomentando una comunidad firme, o a una mujer que muestra sorprendentes habilidades de estrategia y visión, me dan ganas de celebrar. Ser fieles a cómo fuimos diseñados por Dios hace que el liderazgo no sea una carga, sino una manifestación natural de cómo somos y funcionamos mejor. Si intentamos imitar el estilo de otro líder, sin que importe cuán eficaz pueda ser esa persona, existen muchas probabilidades de que acabemos frustrados y sin resultados. Ir contra la corriente dentro de la cultura del liderazgo de mi iglesia no fue sencillo, pero terminó siendo para mí un sendero mucho mejor que intentar ser la versión femenina de Bill Hybels o cualquier otro líder masculino con el que trabajaba. Solo necesitaba ser yo.

Sé sabia cuando trabajes con hombres

Gran parte de la obra que las mujeres líderes desempeñan en la iglesia gira alrededor del simple hecho de que se necesita sabiduría para trabajar de cerca con los hombres. Esto suscita muchas inquietudes prácticas. Más allá de los cuestionamientos bíblicos y teológicos sobre la mujer en el liderazgo, la mayor barrera y el tema candente más importante para muchos líderes de la iglesia es el asunto de cómo pueden hombres y mujeres trabajar de cerca y juntos sin caer en pecado. Entristece que haya muchas historias que contar sobre las relaciones incorrectas que se desarrollan entre los líderes de la iglesia, los matrimonios destruidos y los escándalos que ponen en peligro a la preciosa esposa de Cristo. Es importante recalcar que muchos de estos romances físicos o emocionales tuvieron lugar entre un líder principal y una mujer que no pertenecía al círculo del liderazgo (una asistente administrativa, una miembro de la iglesia que busca el consejo pastoral, o una mujer que se ofrece como voluntaria para cualquier rol dentro de la iglesia). Incorporar mujeres al círculo del liderazgo conduce a preguntarnos si estamos colocando a la gente demasiado cerca del camino de la tentación... no obstante, la tentación siempre estuvo allí, aun en las iglesias donde las mujeres no tienen la oportunidad de liderar ni enseñar.

Hace poco viajé para encontrarme con un equipo ministerial de artes escénicas de otra iglesia. El líder de artes escénicas, Stan, no se reuniría conmigo de forma privada sin que otra persona estuviera presente. Cuando llegó la hora de ir a almorzar con todo el equipo, se las arregló para encontrar a otro muchacho que nos acompañara en el auto antes de encontrarnos con los demás en el restaurante. Stan explicó que el equipo pastoral de la iglesia tiene una norma: Un hombre y una mujer no deben tener reuniones a puertas cerradas; un hombre y una mujer no deben estar solos en un auto ni viajar juntos. Estas pautas son comunes en algunas iglesias que quieren mantener límites claros para las relaciones de trabajo entre hombres y mujeres.

Otras iglesias (entre ellas la nuestra) eligen no establecer reglas específicas, pero sí hablar abiertamente con el personal acerca de la necesidad de tener discernimiento cuando se trate de las relaciones ministeriales entre un hombre y una mujer. Este enfoque no ignora los riesgos potenciales, sino que coloca la carga de las decisiones diarias en cada uno de los miembros del equipo, manteniendo relaciones con personas a las que tengamos que rendir cuentas y que nos guiarán a lo largo del camino.

Lo cierto es que cualquiera de nosotros puede hallar una vía hacia el pecado si así lo elegimos. Las reglas y las pautas pueden ayudar a prevenir a algunos de modo que no se metan en problemas, pero al final de cuentas, siempre existe una vía para escapar de las reglas. Lo más importante para los miembros del personal y los líderes voluntarios de la iglesia es tener diálogos frecuentes acerca de la clase de cultura que están intentando crear: una cultura donde los hombres y las mujeres se sometan unos a otros con respeto, disfruten de mantener relaciones laborales y le den la bienvenida a la perspectiva que cada uno aporte al equipo. En la iglesia primitiva, Pablo instruyó a Timoteo diciendo: «Trata a los jóvenes como a hermanos; a las ancianas, como a madres; a las jóvenes, como a hermanas, con toda pureza» (1 Timoteo 5:1-2).

> *Lo más importante para los miembros del personal y los líderes voluntarios de la iglesia es tener diálogos frecuentes acerca de la clase de cultura que están intentando crear: una cultura donde los hombres y las mujeres se sometan unos a otros con respeto, disfruten de mantener relaciones laborales y le den la bienvenida a la perspectiva que cada uno aporte al equipo.*

En el ministerio de artes escénicas que dirigí durante veinte años, éramos una combinación de hombres y mujeres, la mayoría casados, que pasábamos muchas horas trabajando juntos en ciertas épocas del año y experimentábamos una rica comunión y muchas amistades genuinas que traspasaron los límites del género. Dos veces al año pasábamos juntos dos días de retiro. ¿Suena como la receta para generar problemas? Sin duda tuvimos que tomar decisiones sabias sobre cómo manejar estos riesgos en nuestra comunidad.

Con sentido común, un fuerte sentido de la responsabilidad y la madurez de unos devotos seguidores de Cristo, creo que podemos enfrentar los potenciales inconvenientes que trae el trabajo cercano entre hombres y mujeres. Mirando hacia atrás, veo que en treinta años de ministerio he conseguido forjar grandes amistades con hombres y mujeres. Los retiros fuera de la ciudad para el equipo de artes escénicas y también para el equipo administrativo catapultaron nuestra visión, nos dieron la oportunidad de escuchar juntos a Dios, nos acercaron a fin de fomentar una comunidad más auténtica, y honestamente, fueron pura diversión. Sin embargo, desde el principio sabíamos que era necesario que prevaleciera la sabiduría.

Ninguno de nosotros está exento de la tentación, de la necesidad de guardar con cuidado el alma y la mente del pecado. Lo que sigue a continuación son algunas sugerencias prácticas basadas en lo que he aprendido estando en la trinchera.

Mantén niveles de confidencia apropiados

Si estás procurando la comunión en un equipo, ten presente que las conversaciones pueden (y a la larga lo harán) tener una profundidad emocional. Si se desarrolla un patrón en que alguien del equipo constantemente revela más información al grupo de la que le transmite a su cónyuge en casa, este es un síntoma de potenciales problemas. Queremos brindarles a los miembros del equipo un lugar seguro a fin de que puedan ser sinceros entre ellos, reconociendo a la vez que son necesarios algunos límites para que el cónyuge no se sienta fuera del círculo. Se trata de decisiones sumamente delicadas que requieren un enorme grado de discernimiento.

Fomenta la responsabilidad

Anima a todos los miembros del equipo a que se ocupen de fomentar una o dos relaciones con personas del mismo sexo a las que tengan que rendir cuentas de su conducta respondiendo en forma rutinaria a preguntas directas. Si notas que algunos miembros del equipo pasan demasiado tiempo juntos, incluso llegando

Hagamos la obra

cada vez más cerca del coqueteo, habla con cada uno de ellos en privado mostrándote amoroso, pero también firme, y pídele al Espíritu que te dé sabiduría para discernir si algo inapropiado se está gestando. Lo mejor sería abordar y sacar a la luz cualquier tentación antes que dos personas caminen rumbo a una cuesta resbaladiza que los conduzca a un pecado más serio. Puede que el hombre y la mujer se sientan atraídos (esto es normal y de esperarse). La pregunta crucial es qué hacer con esa atracción temprana, cómo ponerle de inmediato límites a la relación y pedir que se rindan cuentas. En algunas ocasiones, puede que Dios guíe a algunos de los individuos a cambiar de rol en la iglesia e incluso a trasladarse a otra iglesia si la tentación es demasiado fuerte.

Construye puentes para los cónyuges de los miembros del equipo que estén casados

Busca cualquier oportunidad a fin de incluir a los cónyuges (e incluso a los hijos) en tus reuniones. Cuando comencé a liderar a los *Beach Boys*, me reunía de forma intencional para almorzar con cada esposa en particular. Quería que me conocieran como una persona real, no como una mujer misteriosa que pasaba tiempo con sus esposos en el trabajo. Por sobre todas las cosas, deseaba que supieran que yo estaba *a favor de ellas, sus matrimonios y sus familias*. Me di cuenta de que mientras más me conocieran y se percataran de lo enamorada que estoy de mi esposo, Warren, menos me verían como una potencial amenaza.

En una de nuestras reuniones de retiro, decidí finalizar los dos días con una cena a la que nos acompañarían nuestros cónyuges. Esa tarde, en preparación para la cena, le pedí a cada uno (todos eran casados) que hiciera un dibujo ilustrando lo que más valoraba de su cónyuge. No podían usar palabras, solo imágenes y símbolos. Como siempre, rezongaron primero, porque la mayoría de ellos no sabía dibujar y a menudo me hacían pasar un mal rato por las «cosas raras» que les asignaba. No obstante, al final aceptaron.

Aquella noche después de la cena le pedí a cada uno de los miembros del grupo que mostrara el dibujo que había hecho y describiera por qué dibujó tal cosa en específico. Quería que cada cónyuge fuera honrado delante de todos, de modo que en el contexto de aquel grupo se sintiera bendecido. Qué alegría fue ver la mirada en sus rostros (¡incluso en el del mío!) a medida que los miembros del equipo pronunciaron palabras de testimonio. Los ojos brillosos de los cónyuges me decían que el ejercicio significaba mucho para ellos y varios estaban emocionados. Hacer extensivas las experiencias de la comunidad es muy útil para unir a un equipo y mantener a los cónyuges conectados.

Cuando viajes, sé sabia en cuanto al hospedaje

Es importante ser cuidadosos con las disposiciones del hospedaje en los retiros y otros encuentros fuera del ámbito habitual. Cuando me uní al equipo administrativo siendo la única mujer, hacíamos dos retiros por año. Una amable pareja de la iglesia nos permitió ocupar su cabaña de verano para ahorrar dinero y disfrutar de un cómodo escenario. No obstante, cada noche yo dormía en un hotel cerca de la ruta para evitar cualquier apariencia de una conducta impropia. Eso es bueno. También recomiendo tener cuidado al planear actividades para que todo el grupo disfrute... ¡es probable que a los cónyuges no les agrade escuchar que un equipo de hombres y mujeres estuvo una hora riéndose en un *jacuzzi*!

Cuando los hombres y las mujeres realizan juntos la obra del ministerio sintiendo respeto y amor mutuos, todos salen ganando.

Los seis antiguos miembros del equipo de artes escénicas original que ahora nos reunimos mensualmente para almorzar incluyen a tres hombres y tres mujeres. Todos estamos casados. Juntos, hemos bailado en las bodas de las dos hijas de uno de ellos, y tuve el privilegio de oficiar ambas ceremonias. También estuvimos al lado de las tumbas de tres de nuestros padres, incluyendo un día muy caluroso en que escuchamos una interpretación en gaita del coro «Amazing Grace». Puedo llamar a cualquiera de ellos en cualquier momento, en cualquier lugar y por cualquier motivo. Me quieren y quieren a mi familia, y yo también los quiero. ¡Cuán agradecida estoy de que no hayamos permitido que el miedo a los posibles problemas que surgen al trabajar juntos hombres y mujeres nos haya impedido disfrutar de la aventura del ministerio como amigos y compañeros de equipo!

Cuando los hombres y las mujeres realizan juntos la obra del ministerio sintiendo respeto y amor mutuos, todos salen ganando. Sí. Existen riesgos. Sin embargo, lo bueno del caso (si nos consagramos a la pureza y la integridad) es que bien vale la pena.

Te aliento a llevar a cabo la obra de Dios y a hacerlo con sabiduría. Confía en el estilo de liderazgo ordenado por Dios y hecho a tu medida y no hagas nada que no sea sabio cuando trabajes de cerca con los muchachos. Construirás credibilidad día a día y el reino de Dios progresará gracias a tu singular aporte.

Cuatro

Lideremos con los muchachos

C uando era joven, en especial durante mis años de secundaria, me sentía orgullosa de ser *una más entre los varones*. Si bien siempre tuve amigas íntimas, parecía cobrar vida cuando salía con una pandilla de varones del grupo de jóvenes. No estaba involucrada emocionalmente con ninguno de ellos; éramos solo amigos. Pasábamos horas en una cafetería local de mala muerte llamada *The Tasty Platter* ingiriendo comida absolutamente insalubre, pero barata, y riéndonos hasta que nos dolía el estómago. Con ellos me sentía cómoda, a gusto, libre de las conversaciones y preocupaciones a veces superficiales de la mayoría de las chicas de la secundaria que conocía. Los chicos me aceptaron desde el principio, y estando con ellos a menudo olvidaba todo acerca de las diferencias de género. Podíamos hablar de todo, incluso de la familia, los deportes, el rumbo de nuestro ministerio de jóvenes, los sueños para el futuro, lo que estábamos aprendiendo en la Biblia y hacer cientos de bromas tontas. Los chicos eran mis amigos.

Cuando me convertí en una mujer profesional, llevar un estilo de vida similar al de uno de los chicos se convirtió en algo más desalentador. Mucho tiempo después, me refería a esa situación como «liderando con los muchachos». Para muchas mujeres que se encuentran emergiendo en el liderazgo en una iglesia local o una organización paraeclesiástica, los compañeros de trabajo con frecuencia son exclusiva o predominantemente hombres. Descubrí que mis desafíos incluían aprender a relacionarme con los hombres de manera sana en contextos donde estaban acostumbrados a dejar fuera a las mujeres, aprender a liderar a aquellos «por encima» y «por debajo» de mí dentro de la estructura organizacional, aprender a manejar mi ambivalencia en cuanto al uso del poder y la autoridad, y luego trabajar paso a paso en los momentos tras bastidores a menudo divertidos y extraños que marcaban con claridad las diferencias para los hombres y las mujeres que sirven en una iglesia. Algunos de los momentos incómodos nos llevan a reflexionar de forma profunda, mientras que otros tan solo nos hacen reír. Al igual que sucede con cualquiera que se incorpora a una cultura nueva, las mujeres en el liderazgo se ven confrontadas con la forma en que deben comportarse, comunicarse y simplemente *permanecer* en «el mundo de los hombres».

Naveguemos en «el mundo de los hombres»

Creería que la mayoría de los varones ni siquiera son conscientes de que para las mujeres que deambulan por los márgenes o intentan ocupar un lugar en la mesa existan tantas cosas que las hagan sentir como si estuvieran en «el mundo de los hombres». Por supuesto, las mujeres también se agrupan en sus propios ámbitos, que pueden ser un poco extraños para los hombres. Sin embargo, en el mundo laboral y en nuestras iglesias la presencia de equipos predominante o exclusivamente masculinos hace que la entrada de las primeras pocas mujeres esté potencialmente llena de incertidumbre por parte de ambos, hombres y mujeres, solo porque se trata de algo nuevo y diferente.

La tentación que enfrentamos muchas de nosotras como mujeres es la de negar nuestro verdadero yo, nuestra feminidad, en un intento de encajar dentro de una cultura masculina.

La tentación que enfrentamos muchas de nosotras como mujeres es la de negar nuestro verdadero yo, nuestra feminidad, en un intento de encajar dentro de una cultura masculina. Esto es un error. Ajustarse a lo que pensamos que es «más masculino» a fin de ayudarnos a adaptarnos es un intento inútil que resultará en algo notablemente carente de autenticidad y en verdad insostenible. Podemos intentar imitar los estereotipos de lo que creemos que representa un comportamiento masculino, incluyendo una clase de liderazgo muy autoritario y controlador, un estilo de comunicación más convincente y un desapasionado énfasis en los datos y las opiniones objetivas. Nuestros intentos por encajar abarcan no solo las acciones y las palabras, sino también la forma en que nos vestimos.

Durante un tiempo, allá por la década de 1980, muchas mujeres profesionales elegían ropa de trabajo parecida a la de sus colegas masculinos: trajes empresariales conservadores. Con faldas o pantalones oscuros y aburridos (sumados a las blusas con grandes moños), las mujeres trataban de usar la moda para sentirse parte del mundo de los hombres.

Ya fuera por medio del estilo de vestimenta o por cualquier otro medio, aprendí que tratar de parecerse más a los hombres no es el punto en realidad. Nadie debería tener que negar la identidad que le ha sido dada por Dios como hombre o mujer, modificándose a fin de poder relacionarse. Pronto descubrimos que en realidad tenemos mucho más en común con los hombres líderes de lo que pensamos. Los hombres son seres humanos, así como nosotras, y al igual que en otras relaciones humanas construimos puentes siempre que podemos. Y tal como no todas las mujeres son iguales, tratar de agrupar a todos los hombres bajo la misma categoría y hacer suposiciones sobre ellos es algo simplista y corto de miras. Debemos conocer a las personas y relacionarnos con ellas una a una, mientras explotamos la inteligencia relacional y emocional. Ninguna conexión significativa puede tener lugar a menos y hasta que estemos dispuestas a liberarnos nosotras mismas.

Donde trabajo, los líderes a menudo comienzan las reuniones semanales del equipo de liderazgo haciendo preguntas formales sobre qué sucedió durante los días libres y preguntando cómo anda la vida personal de cada uno. El equipo completo de hombres al que me uní hace aproximadamente un año se reúne a almorzar todos los lunes. Con frecuencia, los muchachos empiezan hablando sobre deportes y acerca de cómo se desempeñaron sus equipos preferidos durante el fin de semana. Creo que se han sorprendido cuando una que otra vez hago aportes a estas conversaciones, debido a que le presto atención a algunos deportes, lidiando con las profundas decepciones comunes a todos los eternos fanáticos de los *Chicago Cubs*. No obstante, si eso no fuera parte de lo que soy naturalmente, no sentiría la necesidad de hacer un estudio intensivo de la página de deportes ni de interrogar a mi esposo para que me comente las últimas novedades antes de ir a almorzar el lunes. Estaría bien si solo me sentara y los escuchara.

Los muchachos y yo hablamos de un montón de temas: qué sucede a nivel político, nuestra actividad física, cómo sentimos que andan las cosas en la iglesia, y quizás más que nada de lo que sucede en nuestras familias. Cada persona proviene de una familia o está construyendo una. Ese es el puente de conexión más fuerte que encontré, el cual es común tanto a los hombres como a las mujeres. Dado que todos estamos resolviendo algunas cosas en nuestra familia de procedencia o intentando construir matrimonios y criar a nuestros hijos, todos somos capaces de conectarnos en torno a estas cuestiones. Algunos de los muchachos del equipo de liderazgo tienen hijos casi de la misma edad que los míos. Podríamos estar todo el día hablando acerca de lo que estamos aprendiendo como padres, el modo de manejar situaciones específicas, las ocasiones en que perdimos la paciencia o qué hacer con un adolescente que sale con alguien que no nos agrada. Además, todos están casados y les gusta escuchar mi punto de vista como mujer sobre algunas cosas que viven con sus esposas. En algunos de los almuerzos de los lunes, les doy otra perspectiva que considerar (dentro de los límites adecuados) y parecen valorar ese aporte.

Para los hombres que no están acostumbrados a trabajar a la par de las mujeres, cualquier miedo que llegaran a tener puede disiparse con el tiempo al ver a una mujer líder cómoda, contenta consigo misma, capaz de reírse de la vida, intentando caminar con Dios y cumplir con su trabajo. Estoy segura por completo de que los varones con los que sirvo dudaban un poco al principio, cuando ingresé por primera vez a la sala de reuniones. Quizás no estaban muy dispuestos a hacer bromas, hablar de ciertos temas y abrir el corazón. Sin embargo, no pasó mucho tiempo antes de que la dinámica cambiara, por lo que estoy muy agradecida. En un reciente día de retiro que pasamos juntos, pude comprobar vívidamente cuánto habíamos crecido en confianza.

El líder de nuestro equipo, Jim Mellado, programó un día entero de ayuno y oración por nuestro ministerio. Jim había hecho los arreglos para que nos reuniéramos en una reserva natural de la zona, de modo que pudiéramos disfrutar de los hermosos bosques y arroyos tanto en las caminatas solitarias como en los momentos grupales. Lamentablemente, el clima no ayudó en nada. En lugar de pasear por los senderos al aire libre, nos sentamos en unos bancos duros en una pequeñísima cabaña maloliente, temblando por la falta de calefacción, mientras la lluvia afuera no cesaba. En una mesa reposaban unas cuantas rodajas de pan y unas botellas de agua, dado que estábamos privándonos de cualquier otra comida. ¡En un momento dado, un diminuto ratón pasó corriendo por el alféizar de una ventana, eliminando de este modo gran parte de mi apetito!

Una de las tareas del día incluía un ejercicio en el que Jim nos daba a cada uno el nombre de otro miembro del equipo y nos pedía que escribiéramos una oración por esa persona. Debido a todo lo que habíamos vivido previamente durante el día y también semana tras semana, estábamos muy al tanto de las necesidades específicas de los otros miembros del grupo. Así que nos desparramamos en esa pequeña habitación lo mejor que pudimos para pasar un tiempo a solas con nuestro cuaderno de notas, la Biblia y espacio para pensar. Cuando nos reunimos, Jim pidió que leyéramos en voz alta las oraciones. No puedo olvidar la profundidad de aquellas magníficas oraciones, la forma apasionada en que cada persona se expresaba ante Dios, las penetrantes palabras elegidas para animar a un hermano o una hermana. Todos teníamos lágrimas en los ojos, si es que no rodaban por las mejillas.

Navegar por el mundo de los hombres es factible y a la larga puede ser muy gratificante.

Nuestro vínculo es muy fuerte, y me siento incluida, valorada, honrada, respetada y amada como miembro del equipo. ¡Qué cambio desde aquella de alguna manera incómoda primera reunión juntos! Navegar por el mundo de los hombres es factible y a la larga puede ser muy gratificante. Si bien la mayoría del tiempo que pasamos juntos en realidad supone cumplir con una agenda y hacer la obra, el mejor fundamento para la labor profesional es una cultura de comunidad y el respeto mutuo.

***

Según mi experiencia dentro de la iglesia, las mujeres líderes necesitan aprender a preparar, así como también a liderar, a los hombres y las mujeres que están por debajo de ellas. Estos principios del liderazgo son fundamentales para ambos sexos, pero a menudo presentan un desafío singular para las mujeres.

Coordinar

Sin que importe si el jefe es hombre o mujer, debemos prestarle atención a la habilidad de coordinar. Hasta ahora, todos mis jefes han sido hombres, tanto en el mundo empresarial como en la iglesia. No obstante, mi experiencia y entendimiento quizás no serían tan distintos si hubiera tenido que responder ante una mujer. Sin duda no siempre manejé los desafíos de dirigir tan bien como hubiera querido. Les propongo estas sugerencias nacidas en las trincheras de mis propios descubrimientos dentro del liderazgo.

Estudia a tu jefe

Cada líder debe discernir con el tiempo cuál es la forma más eficaz de relacionarse y comunicarse con su supervisor. Préstale mucha atención a la forma preferida de tu jefe de reunirse, recibir información e intercambiar actualizaciones a lo largo de la semana. Mi primer jefe en la iglesia fue nuestro pastor principal, Bill Hybels. Ya fuera que estuviéramos en una reunión con un grupo o en privado, pronto me di cuenta de que a Bill por lo general le gustaba primero conectarse durante unos minutos mediante una breve conversación personal. Sin embargo, había algunas ocasiones en que resultaba evidente que deseaba ir directo al grano debido a todo lo que tenía en su agenda para ese día. Saber diferenciar entre los momentos en que estaba más relajado y tenía tiempo, y las ocasiones en que debía ir directo al asunto, fue crítico para trabajar bien con Bill. También aprendí que a él no le gustaba lidiar con mucho papeleo, en realidad, prefiere no hacerlo. En la actualidad, Bill se comunica ante todo usando el correo electrónico, llevando a cabo reuniones ocasionales solo cuando es necesario.

Asimismo, descubrí que para Bill el tiempo lo es todo (y es probable que para cualquier jefe también lo sea). Los ritmos de su día y su semana son enormemente importantes para él, y si alguno de nosotros intenta interrumpir el valioso tiempo que ha destinado para preparar la enseñanza, por lo general somos detenidos por su habilidosa asistente, Jean. Construir una buena relación con la asistente de un supervisor es la mejor manera de discernir el momento adecuado, porque esa persona puede predecir mejor que nadie qué esperar de un jefe durante un día específico. Cuando me presento ante Jean, ella me da un resumen de cómo fue el día de Bill, me indica de cuánto tiempo puedo llegar a disponer, y si sería preferible (y sabio) esperar con relación a algunas cuestiones.

Desarrollar empatía hacia tu jefe también es esencial. Debes reconocer que es muy probable que la persona a la que te reportas tenga muchísimos otros asuntos que resolver que no tienen nada que ver con tu lista de inquietudes. Recuerdo una reunión en la que le insistí a Bill que me diera una idea de lo que predicaría en un mes. Me miró, se cubrió el rostro con la mano, y dijo: «Nancy, tengo al menos doce emergencias menores que deben resolverse ahora mismo antes de que pueda tener espacio en mi cerebro para pensar en una charla que tendremos dentro de cuatro semanas». Dicho de otra manera: «¡Dame un respiro!». Coordinar bien demanda que nos pongamos en el lugar de nuestro supervisor lo mejor que podamos y elijamos con sensibilidad cuándo presentarnos ante él con lo que está programado en la agenda. Con el tiempo, tu jefe confiará más en ti si sabe que no te tomas a la ligera las interrupciones ni ignoras la magnitud de otras cuestiones con las que él esté haciendo malabarismos.

No obstante, no debería permitir que la empatía hacia mi jefe me frene al momento de hacerle las preguntas necesarias y defender a mi equipo. Dado que tengo una fuerte necesidad de conseguir la aprobación de mis superiores y quiero ser considerada como una persona eficaz en cualquier circunstancia, a veces he descuidado el hecho de hablar y pedir información, cuestionar una decisión o explicar por qué un plazo de entrega provocaría un grado de estrés excesivo en la vida de aquellos que están a mi cargo. Un líder no debe permitir que el deseo de agradar a otros anule su responsabilidad hacia aquellos que dirige. De otra manera, corremos el riesgo de ser muy buenos para nuestro jefe a corto plazo mientras frustramos por completo a aquellos que lideramos. Pronto aprendí que necesitaba desarrollar nuevos músculos para el liderazgo... músculos que me entrenarían para involucrarme con más confianza en las conversaciones difíciles.

Aprende a entablar conversaciones difíciles y a involucrarte en ellas

A casi un año de estar en el ministerio a tiempo completo, llegué a casa y le conté a mi esposo que había descubierto una nueva definición para el trabajo en la iglesia: *una serie de conversaciones difíciles*. Esa definición en realidad puede ser cierta para todos los ámbitos de la vida, y en especial para la vida dentro de un equipo. Como seres humanos, tenemos una increíble capacidad para malinterpretarnos los unos a los otros y herirnos poco o mucho, a menudo sin siquiera darnos cuenta. A los líderes nuevos que sirven como parte del personal de una iglesia les impacta y desagrada cualquier tipo de discordia relacional. Después de todo, estamos trabajando entre cristianos, ¿por qué entonces no podemos llevarnos bien?

Debido al pecado. Esa es la única respuesta que tengo. Todos somos pecadores y muy a menudo nos llenamos de orgullo; somos egoístas en cuanto a nuestras ideas o proyectos preferidos; nos ponemos celosos por el aparente éxito de otra persona; nos amargamos debido a que nos sentimos despreciados, mal pagados o tenemos demasiado trabajo; o calumniamos a nuestro jefe o nuestros compañeros de trabajo en algunas conversaciones privadas. Podemos cometer pecado. Y una vez que tenemos una ruptura en la relación, debemos hacer una elección. Damos pasos para trabajar hacia la reconciliación (que es lo que Jesús nos enseña en Mateo 18) o seguimos adelante con amargura, envidia, evasión y tal vez una sobrecogedora sensación de ser víctimas. Ninguna de esas respuestas probó ser alentadora, eficaz ni capaz de permitirme a mí y a otros ser más semejantes a Jesús. La única manera que conozco de atravesar una ruptura en las relaciones, o incluso de superar los pequeñísimos golpes y heridas que surgen en el camino, es estar dispuestos a entablar conversaciones difíciles. Y honestamente, esas conversaciones siempre me asustaron y me seguirán asustando. Además, al hablar con otros líderes, sé que no estoy sola en mis miedos.

En mi familia de procedencia no sabíamos cómo manejar ninguna clase de conflicto siguiendo el modelo de las Escrituras. Cuando alguno se enojaba con otro, nuestra cautela escandinava se combinaba con nuestra amabilidad cristiana y transmitía un mensaje silencioso, pero poderoso: *No te enojarás, y si te enojas, debes ocultarlo profundamente en lo más remoto del corazón, y nunca, nunca, dejarlo salir.* Por lo tanto, aprendimos a hacer de cuentas que no nos importaba, a no hablarnos, y finalmente a pretender que nada estaba mal cuando en realidad todo se sentía horrible. Si en raras ocasiones alguno tenía un arrebato emocional (como la vez que exasperé tanto a mi hermana menor que me mordió el brazo atravesando mi abrigo de invierno) pronto intentábamos pasar por alto la situación y nos sentíamos aun peor por haber perdido el control. Evitar tener conversaciones sinceras

Lideremos con los muchachos

sobre temas difíciles puede ser mortal para un líder de un ministerio de la iglesia. Si una mujer líder constantemente evita decir la verdad y reconocer las heridas, se convertirá en una víctima y al final se sentirá abrumada por el resentimiento y la amargura.

Una de mis primeras conversaciones difíciles con un jefe tuvo lugar poco después de que ocupara mi puesto como directora de programación. Se trataba de una posición nueva en la iglesia que en esencia me atribuía la responsabilidad de crear una comunidad de artistas responsable de todo lo que se hiciera aparte de la predicación en nuestros dos servicios semanales. Al principio, nuestro equipo no contaba con un departamento de recursos humanos sofisticado (bueno, no andábamos ni cerca de eso). Así que el proceso de definir los salarios y los detalles de los empleos era bastante libre. Como no quería aparentar que el salario me importaba demasiado —ya que creía que servir como parte del personal de una iglesia tenía que ver solo con el ministerio y que ninguno de nosotros debe preocuparse por cuestiones ínfimas como lo es el dinero— nunca pregunté por mi sueldo durante el proceso de la entrevista. También debo mencionar que parte de esta aparente falta de preocupación se basaba en el hecho de que mi esposo era la principal fuente de ingreso en nuestra relación, así que en definitiva lo que yo hiciera no determinaría si podíamos o no tener comida en el plato.

> *La única manera que conozco de atravesar una ruptura en las relaciones, o incluso de superar los pequeñísimos golpes y heridas que surgen en el camino, es estar dispuestos a entablar conversaciones difíciles.*

Sin embargo, de alguna manera me enteré de cuál era el salario previsto para mi nuevo empleo. Y me dí cuenta de que sí me importaba. El salario era tan bajo, que pensé que quizás el que lo estableció no estaba bien informado sobre el hecho de que yo trabajaba a tiempo completo, tenía una maestría, y se había puesto en mis manos todo un departamento vital para la estrategia y el futuro de nuestra iglesia. ¡Con seguridad se trataba de algún error! No obstante, siendo una empleada nueva y la primera mujer en un rol de liderazgo clave dentro del equipo, no quise causar problemas. Así que durante unas semanas viví sumida en mi propio malestar debido a este asunto y lo hablaba solo con mi esposo. Finalmente, el Espíritu Santo hizo las cosas que tanto asustan y fastidian a los que preferimos evadir el conflicto: me impulsó a iniciar una conversación con mis dos superiores inmediatos para hablarles de mis inquietudes en cuanto al salario. Si escuchamos al Espíritu, seremos guiados una y otra vez a buscar la paz por medio de la reconciliación, y eso a veces solo puede suceder entablando conversaciones difíciles.

Por tanto, arreglé una reunión con Bill y Don. Mientras iba de camino a la reunión, me prometí a mí misma que sin importar lo que pasara, no lloraría. Me he hecho esa promesa muchas veces, intentando rechazar el estereotipo de la mujer histérica. Sin embargo, dado que soy una persona sumamente emocional y me inclino a la autenticidad, colocarle un límite a las lágrimas ha sido un gran desafío y a veces se siente como algo incongruente. En ciertas situaciones no puedo contenerme, mientras que otras veces salgo caminado con orgullo porque pude refrenar las lágrimas y no *actuar como una niñita*. Esta vez lloré, lo que en verdad me molestó. Les dije a Bill y Don que no había entrado al ministerio por dinero, no lo necesitaba y haría el trabajo gratis porque sabía que Dios me había llamado a hacerlo. *Sin embargo*, respiré hondo, me daba cuenta de que el salario establecido para el puesto indicaba que el rol —y seamos honestos, no solo el rol, sino también yo como persona— no era valorado como pensé que lo harían. Me preguntaba si el consejo directivo o cualquiera que hubiera determinado el salario se estaba aprovechando del hecho de que yo no era el principal sostén de mi familia. Si hubieran contratado a un hombre, ¿le hubieran asignado el mismo salario? Les dejé en claro que lo que me molestaba no era la cifra del salario en sí, sino lo que *significaba*.

Aunque sintiera gran temor por esa reunión, de alguna manera sabía que no podía seguir adelante en una comunidad cristiana si escondía mis pensamientos y sentimientos. Gracias a Dios, Bill y Don respondieron con gracia y honestidad. Me sentí escuchada, y ellos pusieron en marcha un proceso de revisión de mi sueldo para ver cómo había sido establecido. Por último, el salario fue modificado y a partir de ese momento creo que hubo más sensibilidad y cuidado hacia todo el proceso de selección de empleados de ambos sexos. No hace mucho tiempo atrás, Bill me recordó ese día y reímos juntos, sabiendo que

Todos podemos ser mejores a la hora de atravesar un conflicto y ninguno de nosotros será capaz de evadirlo del todo.

enfrentar mis miedos y sacar a la luz la cuestión fue parte del trayecto para ingresar al mundo de los hombres y reconocer lo incapaces que todos fuimos al principio intentado averiguar algunas de las cosas más básicas.

He tenido cientos de conversaciones difíciles en el ministerio, a menudo con mi superior inmediato. Para cada charla, me preparo de antemano de modo que pueda ser bien clara con respecto a mi problema o inquietud. Luego de unas cuantas décadas en el ministerio, estos diálogos todavía me parecen muy arriesgados y atemorizantes, pero también vislumbro la verdad de que la alternativa —esconderme en el enojo o la amargura— significa la muerte. Todos podemos ser mejores a la hora de atravesar un conflicto y ninguno de nosotros será capaz de evadirlo del todo. Quizás este sea el modo en que más crezcamos en el ministerio y como seguidores de Jesucristo, porque nuestro carácter se prueba en el fuego de las emociones dolorosas como el orgullo, el miedo, la envidia y el egoísmo. Podemos aprender a ser personas *más maduras* en vez de enfrascarnos en pequeños e insignificantes altercados y peleas a fin de determinar quién se merece el crédito o quién tiene la razón. Si contribuimos a la creación de una cultura de liderazgo en la que decir lo difícil, negarse a devaluar a todos y declarar la verdad sea lo normal, estaremos marcando para cada uno de los miembros de la comunidad el sendero hacia la unidad y la paz. Se necesita valor para dirigir bien.

Ambivalencia y ambición

Si estoy en el centro comercial o el almacén y me encuentro con uno de los hombres que forman parte de mi equipo, el hecho de que me presenten a otras personas como su jefa me hace sentir un poco rara e incómoda. Parte de mi incomodidad es con la misma palabra *jefe*, porque como el jefe es el que manda, el término parece describir a una persona «mandona», algo que nadie quiere ser. Todos nosotros tenemos connotaciones tanto positivas como negativas de lo que es un jefe, basadas en experiencias pasadas.

Mi resistencia a ser llamada jefa también tiene una fuente más profunda: la ambivalencia de ser una mujer que tiene poder y autoridad. En lo más recóndito del corazón, ¿en verdad creo que esté bien que una mujer sea la jefa, en especial en la iglesia, y puedo soportar las ocasionales miradas extrañas y la desaprobación de los demás por haber tenido la osadía de asumir semejante rol en la congregación? Alinear lo que creo cierto en mi mente con lo que mi corazón a veces susurra no es algo sencillo. He visto que muchas mujeres en el liderazgo (tanto dentro como fuera de la iglesia) luchan con la misma ambivalencia, normalmente en privado, porque a menudo nos seguimos sintiendo un poco fuera de sintonía, extrañas y quizás no del todo comprendidas ni queridas. A veces algunas de las que crecimos en iglesias donde los hombres estaban a cargo solemos preguntarnos: *¿No sería más fácil si estructuráramos todo como siempre se hizo y dejáramos que los hombres lideraran mientras las mujeres apoyan desde un segundo plano? ¿Por qué meternos en este terreno tan incómodo?* No creo ser la única mujer líder que tiene esta clase de monólogo interno neurótico.

Una amiga me recomendó un libro que explora la lucha que enfrentan muchas mujeres líderes cuando hablan de toda esta idea de la ambición. En el libro *Necessary Dreams* [Sueños necesarios] la psiquiatra y autora Anna Fels escribe sobre la sorprendente diferencia que existe entre cómo las jóvenes describen sus metas y sueños para el futuro, y cómo esas mismas mujeres apenas pueden pronunciar la palabra «ambición» siendo adultas. Fels define la ambición en dos partes: el desarrollo de una habilidad, y luego experimentar placer en el reconocimiento recibido por un logro. Una y otra vez las mujeres de todos los ámbitos y campos profesionales expresaron su incomodidad con toda esta idea de admitir que existe un deseo de ser reconocidas y valoradas. Fels escribe:

> Pese a la lenta pero constante introducción de la mujer de clase media en los nuevos ámbitos educativos y laborales, a mediados del siglo veinte persistió un extraño fenómeno. Para la mujer, recibir atención por sus logros parecía algo muy problemático. El hecho de que las mujeres pudieran especializarse en varios campos no significaba que pudieran cosechar las recompensas esperadas. Sorprendentemente, la prohibición de que las mujeres obtuvieran acceso a esta parte fundamental de la ambición persistió a pesar de las habilidades adquiridas, como si implicara un prejuicio cultural aun más profundo. Ahora podían desarrollar habilidades, pero solo si sus metas eran «desinteresadas». Otro tenía que estar al frente y en el centro[4].

Lideremos con los muchachos

Las que lideramos en la iglesia a veces podemos cuestionarnos si ese «otro [...] al frente y en el centro» debería ser un hombre. Esto hace surgir la pregunta de si creemos que no solo esté bien, sino que es totalmente bueno, correcto y aceptable que las mujeres lideren a los hombres en la iglesia local. Muchas de nosotras fuimos criadas con un panorama diferente, uno que podemos llegar a creer que ya no nos afecta, pero que en realidad en ocasiones acecha nuestra mente y nuestro corazón. Las mujeres que sienten ambivalencia por su liderazgo tenderán a retraerse, a expresarse y exponer sus puntos de vista con cierto titubeo, y a criticar no solo sus instintos, sino su derecho a hacer aportes al liderazgo.

Desde niña me di cuenta de que Dios me había bendecido con una mente ágil y aguda y una capacidad para memorizar con rapidez casi todo. Esa combinación es en esencia lo que se requiere para triunfar en la mayoría de las escuelas estadounidenses; por consiguiente, era una alumna excelente que de forma habitual sabía la respuesta antes que todos y levantaba la mano con entusiasmo para responder. Este patrón duró hasta más o menos quinto grado, cuando empecé a cuestionar si mi inteligencia era un pasaporte hacia la popularidad o —lo que era más probable— algo que opacaba a los demás, en especial a los varones. Poco a poco, me fui refrenando cada vez más seguido, traté de no parecer demasiado inteligente ni tampoco de mencionar mis notas, e incluso en algunas situaciones fingí no saber lo que en realidad sí sabía. Los estudios revelan que este fenómeno explica por qué algunas alumnas prosperan mucho más en las escuelas solo para chicas. Pensé que había dejado mi indecisión allá en el aula, pero trasladamos partes de nuestro bagaje a los roles que asumimos de adultos, así que en ocasiones la tendencia a controlar la percepción de mí misma y evitar parecer demasiado inteligente, capaz o perspicaz aparece en las reuniones de liderazgo. No debería ser de esta manera.

A veces nosotras somos nuestro peor enemigo. Podemos tener más dudas e inseguridades en cuanto a liderar a los hombres que las que tienen ellos mismos. Cada una de nosotras necesita examinar con cuidado qué factores de nuestra historia y experiencia con otros contribuyeron a las tendencias instintivas en los contextos de liderazgo. La Dra. Sarah Summer, profesora de teología y autora del libro *Men and Women in the Church* [Hombres y mujeres en la iglesia], escribe palabras acusadoras y desafiantes a la vez:

Una cosa es autolimitarse a causa de la pereza o la falta de un buen carácter. Otra cosa es autolimitarse debido a una creencia falsa adquirida a través de la gente de la iglesia. Cuando las mujeres se dicen a sí mismas: «Se supone que no debo tener madurez emocional, ya que soy femenina» y «No puedo lograr más que esto, porque "soy mujer"», algo anda mal. Cuando la comunidad de creyentes condiciona a las mujeres cristianas para que sean inferiores, y si es necesario, les demuestra que son inferiores a los hombres, la iglesia está errando el blanco[5].

Me di cuenta de que si iba a liderar a los hombres de mi equipo de manera eficaz, en esencia tenía que superarme a mí misma, hacer a un lado todas las disculpas internas, y simplemente *liderar*. Nadie quiere seguir a una persona que carece de una clara visión y titubea ante cada pequeña decisión. Necesitaba expresarme con gracia y confianza, poner en práctica todas las habilidades de un buen liderazgo que se aplican tanto a hombres como mujeres, y no comportarme como si esperara que alguien me fuera a castigar por asumir ese rol.

Me di cuenta de que si iba a liderar a los hombres de mi equipo de manera eficaz, en esencia tenía que superarme a mí misma, hacer a un lado todas las disculpas internas, y simplemente liderar.

Si eres una mujer que está involucrada en el liderazgo, pregúntate si todavía arrastras cierta ambivalencia entre la ambición y la autoridad, y luego busca eliminar las raíces de tus inquietudes. Solo llegaremos a un sitio de paz interna y confianza en cuanto a la expresión saludable de nuestras metas, sueños e influencia si estamos dispuestas a evaluar con honestidad esas voces internas y a encaminarlas con la guía del Espíritu Santo y los beneficios que provienen de la experiencia.

Para guiar a cualquier persona y ser eficaz se necesita edificar la confianza con el tiempo. ¿Y sabes qué he descubierto? La mayoría de los hombres prefieren el mismo tipo de liderazgo que agrada a las mujeres: ellos prosperan bajo un líder que en verdad los apoye, desarrolle fuertes habilidades para escuchar, pueda llevar a un equipo al consenso y cuide de forma genuina de su desarrollo espiritual, profesional y personal.

Sabía que mi primer equipo de muchachos tenía cierta incertidumbre en cuanto a lo que sería tener una jefa mujer. Así que es probable que haya exagerado un poco asegurándome de que fuera evidente que no iba a liderar como una diva, una autócrata o cualquier otra figura de autoridad que pudieran haber temido. Me emocioné mucho alrededor de un año después cuando Rory, el director musical, me contó que un miembro de otra iglesia le había preguntado con cierto escepticismo en la voz: «¿Qué se siente al tener que rendirle cuentas a una mujer?». Rory contestó: «Me encanta. ¡Y la prefiero a ella antes que a cualquier hombre que me haya liderado!». Eso al instante le tapó la boca al otro, y yo le agradecí muchísimo a Rory que me hubiera contado lo sucedido.

Cosas con las que los líderes hombres nunca tienen que lidiar

Si ahora mismo tuviera la oportunidad de tomar un té o una *Coca-Cola* dietética en privado con otra mujer líder de la iglesia, no solo conversaríamos sobre el lado difícil de navegar en el mundo de los hombres en términos de dirigir y luchar con nuestra ambivalencia, sino que también disfrutaríamos de un tiempo relajado durante nuestra charla. En algún momento, empezaríamos a reírnos. Después de habernos conocido un poco, después de haber hablado de nuestros roles y de algunos de los desafíos del ministerio, después de sentirnos un poco más seguras y en confianza, hablaríamos de las cosas que suceden cuando una intenta liderar en la iglesia, cosas que solo las mujeres entenderían. Así que antes de cerrar este capítulo, con un espíritu de plena autenticidad y disposición a admitir algunos de estos dilemas privados, pretenderé que estoy sentada contigo como mi nueva amiga y pondremos los pies sobre la tierra refiriéndonos a los aspectos prácticos como son la ubicación del micrófono, el maquillaje y otras cosas con que los líderes hombres, a mi entender, no tienen que lidiar.

La ubicación del micrófono

La mayoría de las mujeres líderes necesitan hablar en público de vez en cuando, aun cuando no sean maestras. Primero y antes que todo, ¿sabías que los broches de los micrófonos están diseñados para ajustarse a las camisas de los hombres y no a las blusas de las mujeres? Por algún motivo que no entiendo, las camisas de los hombres y las blusas de las mujeres se abrochan en direcciones opuestas: la de los hombres a la derecha y la de las mujeres a la izquierda. No sé si me comprendes con claridad, pero en un sentido práctico esto significa que cada vez que uso un micrófono de solapa, el equipo técnico tiene que quitar el micrófono del prendedor y cambiarlo de lugar. No es muy complicado, pero me cuesta entender por qué se colocan de esa manera.

Después están los micrófonos diseñados para sujetarse a la parte trasera de los pantalones. Todo está bien con eso... siempre y cuando estés usando pantalones o al menos una falda con cinturón. ¡Una vez fui a oficiar una boda con un vestido y no tenía dónde enganchar el micrófono! Me había olvidado por completo de ese pequeño detalle y no tenía tiempo de ir a casa y cambiarme. Así que el asistente técnico encontró un micrófono que podía adaptarse a un pie y de alguna manera lo solucionamos por esa vez. Ahora solo uso chaqueta y falda cuando tengo que oficiar una boda.

En la actualidad, muchas personas que enseñan usan micrófonos que te hacen ver como una estrella de rock, esos que se colocan sobre el oído, con un fino brazo que se extiende hasta la altura de la boca. Para los muchachos que enseñan en nuestra iglesia —los cuales tienen todos el cabello corto— estos micrófonos son muy fáciles de usar (en especial, para uno de nuestros maestros que es calvo). Sin embargo, yo tengo el cabello por los hombros, así que de alguna manera tiene que acomodarse a la conveniencia de estos auriculares. Después está el asunto de los aretes colgantes. Una vez estaba enseñando usando un micrófono con auricular y sentía un pequeño tintineo. Finalmente me di cuenta de que el problema eran mis aretes, de modo que ya no los uso cuando hablo. Los varones nunca tienen que pensar en los aretes o los vestidos, y la mayoría de ellos no luchan con el cabello largo.

Cabello, lápiz labial y el equipo que controla la moda

Hablando de cabello, pregúntale a cualquier periodista destacada, líder de negocio o mujer involucrada en la política lo que significa que cada aspecto de la apariencia sea criticado por el público en general. Las congregaciones de las iglesias no son distintas. Parecen tener la misma necesidad de evaluar cada una de las nuevas elecciones que hace una mujer líder en cuanto a su apariencia, disminuyendo en una el deseo de experimentar. Recuerdo un miércoles por la noche cuando fui a liderar un servicio junto con John Ortberg después de haberme cortado el cabello esa tarde. John y yo éramos los presentadores de una celebración para nuestros voluntarios, y él se divirtió mucho haciendo comentarios sobre mi nueva apariencia frente a la congregación. Los líderes varones rara vez reciben tal escrutinio en cuanto al corte del cabello.

Si eres una mujer que usa lápiz labial y algún otro maquillaje, eso también supone unos cuantos desafíos. Si hablo al final del culto, me gustaría poder retocar mis labios justo antes de subir a la plataforma, pero por lo general me abstengo porque se supone que debo estar concentrada en cosas espirituales y más profundas, como lo es el mensaje que Dios me ha dado para entregar. ¡Nunca he visto a un orador sacar un espejito antes de subir a hablar! Dado que me conocen por emocionarme a veces cuando enseño o dirijo el canto, el rímel corrido también es una moda que trato de evitar. Sin embargo, nada me sorprende más que la aparente obsesión que tiene la congregación por lo que viste una mujer líder. En verdad desearía que esto no fuera un asunto tan importante, pero al parecer la selección de la ropa puede lograr que la audiencia se distraiga o llegar a ser una cuestión menor, de modo que todos podamos enfocarnos fundamentalmente en el contenido. Siento envidia hacia esas pastoras de otras denominaciones que acostumbran usar una toga en la plataforma... ¡eso sería mucho más sencillo! Las otras tenemos que elegir ropa que sea atractiva, moderna, modesta y cómoda para moverse. Una vez la puntita de mi tacón se quedó atorada en el escenario y me enseñó que el calzado también importa.

Tenemos un lugar de reuniones anexado al vestíbulo a donde van los pastores después del servicio para saludar a los concurrentes. A esta hermosa y cálida sala se le llama «Antesala para invitados», y he disfrutado de muchas conversaciones importantes y momentos privados de oración con la gente en ese pequeño santuario. Siempre ansío comprobar cómo el Espíritu Santo nos guiará durante esos momentos en la antesala, y esta es también la oportunidad de descubrir si el mensaje que entregué tuvo algún impacto en la gente. Así que imagina mi sorpresa cuando algunas personas (hombres y mujeres) esperan en la fila para hacer preguntas como estas:

- Mi amiga y yo estábamos tratando de adivinar qué marca de pantalón usas. ¿Puedes decirnos?
- Quería que supieras cuánto me gusta tu chaqueta. ¿Me dirías dónde la compraste?
- Notamos que te cortaste el cabello hace poco, y varias de nosotras comentábamos que te hace lucir más joven.

No estoy inventando. Y te puedo asegurar que los pastores nunca escuchan este tipo de cosas. ¡Eso me molesta! No obstante, creo que es parte de lo que significa ser mujer y manejar la aparente obsesión de la cultura con la apariencia, incluyendo el peso, el cabello, el maquillaje y la ropa. ¡Una vez amenacé a nuestro pastor principal diciéndole que planeo desaparecer algún verano «para hacerme algunos retoques» y que tengo la intención de poner los gastos a nombre de la iglesia! Mientras tanto, trato de tomarme todo esto con sentido del humor, no preocuparme demasiado por los comentarios, y seguir haciendo lo mejor que pueda para dirigir la atención a las verdades que Dios me ha dado para comunicar. Hay días en que el trabajo radial suena más atractivo.

Otros desafíos femeninos

Hay un aspecto más de ser una mujer líder que hace nuestras vidas de vez en cuando difíciles... y es un tema complicado de tratar. Hay cierta época del mes en la que estar parada cuarenta y cinco minutos en el escenario seguido de un largo período en la antesala para invitados me hace anhelar tener un momento para ir al baño y asegurarme de que todo esté bien. Por otra parte, cuando estaba amamantando a mis hijas y tenía que hablar en público, intentaba alimentarlas justo antes de subir a la plataforma, pero si un llanto de bebé estallaba en la congregación... ¡corría el riesgo de manchar mi hermosa blusa de seda! Durante esa época, trataba con desesperación de programar un tiempo entre las reuniones los días de semana para ir al sanitario de la iglesia o cerrar la puerta de mi oficina y extraerme leche del pecho. Y todavía no digo nada de las cuestiones de la mediana edad, ya que evidentemente aún no sé nada de eso.

Lo único que puedo decir es que podemos estar un poquito orgullosas de saber que existe un grado de desafío que transitamos en secreto y los hombres nunca jamás enfrentan. Y creo que deberíamos sentirnos bien porque la mayoría de las veces no tienen mi idea de ello. Si pudiera darle a cada mujer líder y maestra una medalla por su heroica capacidad de manejar con simpleza y elegancia estos momentos únicamente femeninos, lo haría. Espero con ansias cualquier oportunidad en la que pueda conectarme con mis hermanas para sacar a la superficie nuestros secretos y reírnos juntas.

He pasado tiempo con los muchachos en varios ámbitos y contextos gran parte de mi vida. Aunque encontrar mi lugar y encajar no siempre ha sido sencillo, estoy muy agradecida por las innumerables maneras en que recibí conocimientos, exigencias, prevenciones y el apoyo de mis colegas varones. La mayoría de ellos se cuentan también entre mis más valiosos amigos, regalos que tengo muy presentes. Hace poco, uno de los miembros de mi equipo actual resumió cómo siente luego de haberme unido a su club, antes integrado solo por hombres, diciendo: «¡Nancy, en verdad nos llevaste a otra categoría!». Sin importar lo que esto signifique, lo tomo como un cumplido.

¡Y entonces tuvimos hijos!

Era una helada noche de febrero. Yo regresaba a casa del consultorio del médico, donde acababa de escuchar la noticia: ¡*Estás embarazada*! Lo sospechaba desde antes de la consulta, pero en los días previos al uso común de las pruebas de embarazo caseras, necesitaba escucharlo de labios de un profesional para estar segura. Lágrimas de felicidad llenaron mis ojos y solo tres palabras rondaron por mi mente aquella fría noche de invierno. *Y además esto...* Encima de todas las otras abundantes bendiciones que había recibido en mi joven vida —un matrimonio feliz, un ministerio que crecía y estupendos amigos— iba a ser mamá. Rebosaba de gratitud por la bondad de nuestro Dios.

Para algunas mujeres, tener hijos es un prolongado deseo y una meta firme una vez que están casadas. Para ellas, la cuestión no es *si*, sino *cuándo*. Ese no era nuestro caso. Nuestra travesía hacia la paternidad fue larga e incierta. No se trataba de que nunca hubiéramos hablado de tener hijos mientras éramos novios. Sin embargo, ninguno de nosotros estaba seguro de si en verdad quería ser padre. Tampoco era un deseo ferviente.

La mayor dificultad en nuestras conversaciones se presentaba porque Warren no se podía imaginar lo que significaría tener hijos para mi ministerio y mi vida laboral. Su imagen de la maternidad estaba arraigada en el modelo a tiempo completo de su propia madre: una persona muy hogareña que fue una fantástica cocinera y una mamá increíble a la hora de criar. Si teníamos hijos, no podía imaginar que yo trabajara fuera de casa. No obstante, dado que de alguna manera nos sentíamos ambivalentes en cuanto al asunto, elegimos esperar y ver.

Durante nueve años ambos nos involucramos con celo en nuestra vida profesional y ministerial mientras cultivábamos el matrimonio. Gozábamos de mucha libertad. Nos encontrábamos después del trabajo para cenar, disfrutábamos de unas relajadoras vacaciones, nos renovábamos mediante mucho ejercicio y asiduas reuniones sociales. Una pareja sin hijos a menudo puede transitar por épocas de trabajo más intenso con gracia y entendimiento, compensando esas semanas más ocupadas con tiempos más relajados, y hablando a menudo acerca de un horario compartido.

A los seis o siete años de casados, a medida que me aproximaba a los treinta, mis instintos maternales comenzaron a salir a la superficie, instintos que ni siquiera estaba segura de poseer. Vacilando comencé a entablar conversaciones con Warren sobre lo que llegamos a denominar «la cuestión de los hijos». Durante un par de años, la mayoría de nuestras vacaciones estuvieron dominadas por estos diálogos, y hasta hice listas de los pros y los contras. Sabíamos que no teníamos que ser padres para gozar de un buen matrimonio. Los dos amábamos nuestro trabajo y disfrutábamos de la libertad que teníamos para ir en búsqueda de nuestro llamado sin las limitaciones de tiempo que traerían los hijos (tema que en aquel entonces desconocíamos). Warren no estaba del todo convencido de que pudiera disminuir la intensa atención que le brindaba a mi ministerio para brindarles a los hijos el tiempo que se merecían.

Por fin, durante unas vacaciones en la hermosa isla Nantucket, mi esposo me miró y dijo: «Está bien, podemos intentarlo». ¡No estaba segura de haberlo escuchado bien! Acordamos que si Dios nos bendecía con un embarazo, solicitaría trabajar a medio tiempo en la iglesia. Evidentemente, después de nueve años de casados, no teníamos idea de si seríamos fértiles. Sin embargo, bastante pronto tuve un retraso y descubrí que algo sucedía. Y entonces comenzamos una etapa nueva por completo en la vida, una que nos provocaría desafíos y ocasionaría más altibajos de los que podríamos haber imaginado. Desde un principio, éramos unos padres ya algo mayores (yo tenía treinta y dos y Warren cuarenta y uno cuando nació Samantha). Tres años después, fuimos bendecidos con la segunda hija, Johanna. Y sin duda a partir de entonces nunca más la vida fue sencilla.

Cada caso es distinto

No solo en lo físico, sino también en lo cultural, se ha vuelto cada vez más común para la mujer hacer una variedad de eleccio-

¡Y entonces tuvimos hijos!

nes en cuanto a casarse o no, tener hijos o no, o incluso optar por ser una madre soltera fuera del matrimonio. Me encanta ver a las mujeres progresar en todos estos diversos contextos, en especial en la iglesia. A medida que te describo a algunas amigas y las realidades actuales de sus elecciones en la vida, te animo a pensar en la variedad que existe en tu propio círculo de amistades y a regocijarte en el hecho de que cada caso es sin duda distinto.

Christine

Christine es una líder impetuosa que sirve en el equipo de publicidad de una organización cristiana sin fines de lucro. Ella aporta destreza, energía y creatividad a cada equipo en el que sirve. Me encanta ver cómo elige abrazar la vida como mujer soltera a los cuarenta. Christine vive en medio de un vecindario de mucha diversidad en la ciudad de Chicago, donde es anfitriona de encuentros para amigas casadas y solteras. Con una variedad de pasatiempos e intereses, entre ellos viajar, leer, pintar, la espiritualidad céltica, el cultivo de hierbas frescas y nunca repetir la misma receta, Christine no está esperando a su Príncipe Azul para sentir que su vida es plena. Va al trabajo todos los días con manifiesta pasión y luego llena su tiempo libre con actividades y relaciones significativas. Ella es una tía, hija y amiga estupenda. Su vida me sirve de inspiración y el aporte que ha hecho a mi vida (como amiga y escritora asistente) tiene un valor incalculable para mí.

Corinne

Corinne es una de mis más íntimas amigas. Fue líder de nuestra iglesia durante alrededor de veinte años y ahora es mi colega en el equipo de la Asociación Willow Creek. No hay otra mujer líder con la que haya trabajado tan de cerca, colaborando juntas en la creación de innumerables cultos de fin de semana y actividades especiales para nuestra iglesia. Con los desafíos y a veces la soledad del liderazgo en la iglesia, Corinne ha sido mi salvación. Con frecuencia siento que nadie «me entiende» como ella, y no quiero pensar qué habría hecho si Dios no la hubiera puesto en mi círculo y entretejido nuestras historias juntas.

Corinne hace veintisiete años que está casada con Greg, su amor de la secundaria. Tienen una hermosa relación de amor, respeto mutuo y muchos intereses en común. Hace varios años, Greg y Corinne pasaron por un proceso de decisión parecido al que atravesamos Warren y yo con respecto al tema de ser padres. Después de analizarlo con cuidado, decidieron no tener hijos. En vez de aumentar la familia, Greg y Corinne sintieron que el Espíritu Santo los guiaba a enfocarse en sus ministerios, parientes y amistades. Si bien hubieran sido unos padres estupendos, decidieron que este no era el futuro que Dios había diseñado para ellos, y sienten paz acerca de esa decisión.

Me encanta ver cómo crece Corinne a medida que explora una variedad de dones y pasiones, incluyendo la música, el baile, la fotografía, el amor por los animales, leer, mirar películas (en especial los comentarios del director) y por sobre todo, ser una destacada esposa, hija, hermana y tía. Ella tiene una vida plena y su ministerio, que se desarrolla tras bastidores, es absolutamente vital.

Lynn y Karla

Yo las llamo mis «amigas mamás». Estas dos mujeres han sido miembros durante años de la iglesia y cada una es madre de cuatro hijos. Ellas me acompañaron a cada paso del proceso de ser madre, me sacaron de casa para ver películas a altas horas de la noche a fin de conservar mi cordura, se sentaron conmigo cuando mis hijas estuvieron enfermas, me recomendaron maestros, campamentos, escuelas y médicos, me dieron recetas y se presentaron cuando más las necesitaba. Un día cuando Samantha era bebé, la dejé en su asientito para bebés sobre el mostrador de la cocina, salí a buscar algo y entonces... ¡me di cuenta de que me había quedado fuera de casa sin la llave! Indudablemente, este fue uno de los momentos más estúpidos como mamá. Podía ver a mi preciosa hija apoyada sobre el mostrador, pero no podía entrar. De inmediato llamé a Lynn, que vino en el auto y me ayudó a trepar y entrar por una ventana.

Lynn y Karla, siendo mamás que permanecen en casa y se desempeñan como tales a tiempo completo, han sido capaces de ofrecerse como voluntarias en las escuelas de sus hijos y servir a la comunidad en maneras que yo nunca pude. Cuando en varios formularios piden un número de contacto en caso de emergencia, escribo sus nombres y números de teléfono (hace más o menos diecisiete años que lo vengo haciendo). No puedo imaginar lo que sería transitar la maternidad y la vida sin Lynn y Karla.

¡Y entonces tuvimos hijos!

Char

A sus ochenta y seis años, Char es una amiga de toda la vida. Ella sirvió como maestra de la Escuela Dominical para las chicas de secundaria en la iglesia donde crecí. Sin lugar a dudas, es la persona de ochenta y tantos años más agradable que conozco. Desde hace décadas, ella ha representado para mí lo que significa ser una mujer piadosa.

Char enviudó por primera vez cuando tenía treinta y nueve años y su único hijo, Rick, trece. Como madre sola, Char no tuvo otra opción más que trabajar fuera del hogar para su propio sustento y el de su hijo. Fue escritora y colaboradora creativa en varias publicaciones cristianas, incluso en *Young Life* [Vida joven]. Si bien estaba devastada por la repentina muerte de su primer esposo, eligió abrazar la vida y vivirla al máximo. No conozco muchas mujeres tan divertidas como ella. Más tarde, volvió a casarse, pero tan solo tres años después, trágicamente enviudó de nuevo. Char pasó por casi todas las situaciones imaginables siendo una mujer de Dios, y lo hizo con gracia, belleza y sabiduría. ¡Deseo ser como ella cuando sea mayor!

***

Christine, Corinne, Lynn y Karla, Char. Quizás te identifiques con alguna de mis amigas. Creo que conoces a mujeres que hicieron elecciones similares, y es probable que sepas de muchas otras opciones y contextos que no mencioné. La palabra elección es muy fuerte. Resulta evidente que algunas mujeres podrían decir que sus elecciones estuvieron limitadas por cuestiones económicas o de salud, o por circunstancias fuera de su control. Sin embargo, para muchas, en especial para las mujeres de generaciones recientes, las elecciones parecen más abundantes que aquellas que estaban disponibles para nuestras madres y abuelas. Cualesquiera sean las opciones, lo más importante es lo siguiente:

No existe UNA FORMA CORRECTA de transitar la vida como mujer.

Las Escrituras muestran que no todos los cristianos deben casarse o se casarán, tal como el apóstol Pablo eligió concentrar toda su energía en el ministerio. También vemos ejemplos de mujeres a través de la Biblia que pese a las normas culturales de esa época desempeñaron papeles fundamentales en la iglesia primitiva. Allá en el Antiguo Testamento, Ester usó sus habilidades de discernimiento de tal manera que produjeron el espectacular rescate de su pueblo. Débora fue profeta en sus días, y Priscila y otras mujeres aportaron al establecimiento de la iglesia primitiva. Nuestro Padre celestial guía el sendero de la mujer en una hermosa variedad de direcciones, incluyendo varios períodos diferentes a lo largo del camino de modo que cada uno traiga un enfoque y una perspectiva únicos. Si limitamos nuestro pensamiento a un plan que les venga bien a todas las mujeres, limitamos las posibilidades de cada individuo de hacer realidad su propia historia hecha a la medida.

Mi historia como madre

Mi historia terminó incluyendo la maternidad. Y después de nueve años sin hijos, fue necesaria una gran adaptación. Cuando llegué a casa con mi primera hija, mis hormonas estaban fuera de control y sinceramente no podía creer que alguien permitiera que dos personas por completo incompetentes como Warren y yo fueran responsables de esta pequeña bebé. Desearía haber grabado la primera vez que intentamos bañar a Samantha: uno leía las notas que habíamos tomado en la clase de padres, el otro trataba de no dejar caer el resbaladizo ser de tres kilos en el fregadero. Ambos estábamos privados del sueño y anonadados por la forma en que la llegada de nuestra pequeña había transformado nuestras vidas de un modo tan drástico.

Durante un par de semanas, me hallé llorando con frecuencia sin razón aparente. Warren entraba a la habitación donde me encontraba amamantando y llorando y me preguntaba: «¿Y ahora qué te pasa?». (¡Él es tan sensible!). Y yo contestaba: «¡No sé!». En medio de esto, recibí una llamada de mi amiga Corinne, que estaba en Alemania liderando un emocionante proyecto del ministerio. Oí su voz y al instante pensé: «¿Qué me pasó? Yo solía ser la que viajaba y hacía trabajos importantes que me encantaban. Ahora estoy gorda y soy una máquina de dar leche. Esta no puede ser mi vida». Todo esto me recordó un aviso clasificado que había visto en el periódico local, el cual decía: «¡Surfistas! Tuve un bebé, se me acabó la vida, vendo mi equipo». Eso es justo lo que sentí por unos días: tuve un bebé, se me acabó la vida.

Mi marido y yo acordamos que después de tres meses regresaría a mi rol en el ministerio a medio tiempo, teniendo como objetivo trabajar veinte horas semanales. A principios del embarazo, logré reunir el valor para dirigirme a mi jefe y amigo, Bill Hybels, y proponerle un plan. Seguiría liderando el ministerio de artes escénicas, pero reduciría mis horas a la mitad delegando tareas. Ninguna mujer que ocupara un cargo en el liderazgo principal dentro del equipo pastoral había pedido esta clase de arreglo, y me di cuenta de que la respuesta podía ser *no*. También le pregunté a Bill si consideraría permitirme continuar como líder dentro del equipo administrativo de la iglesia. ¡Vaya!

Para mi sorpresa, Bill reaccionó con buena disposición y dijo que sin duda podíamos tratar de hacer que mi plan funcionara. Por lo tanto, comencé mi travesía como una mamá que trabajaba a medio tiempo. Me extraía la leche en el baño de las oficinas de la iglesia y fui bendecida con una niñera a medio tiempo que ya había criado a sus hijos y se convirtió en otra abuela para mis hijas. Sin embargo, por supuesto que nada fue fácil ni sencillo.

Madres lo suficiente buenas

Con una amplia variedad de opciones disponibles para la mujer, muchas terminan siendo madres como yo. Las mujeres que se ocupan del liderazgo y la maternidad enfrentan una serie de desafíos únicos. Muchas de nosotras luchamos con un monstruo que es increíblemente destructivo. Merodea en los huecos escondidos de nuestras mentes, nos ataca con la duda, nos golpea con la culpa y arruina nuestra autoestima. Es lo que yo llamo *El monstruo de la madre perfecta* (o MMP). Esta es una creación totalmente irreal basada en nuestras propias madres, las expectativas culturales, las imágenes de los medios o las propias exigencias imposibles. El MMP de toda mujer apenas varía, pero todos tienen algunos rasgos en común:

- La madre perfecta *siempre* está ahí.
- La madre perfecta siempre se ve grandiosa, al igual que su hogar perfecto.
- La madre perfecta nunca pierde la paciencia.
- La madre perfecta jamás pasa por alto un viaje al campo ni una oportunidad de ser madre voluntaria.
- La madre perfecta siempre sirve comidas caseras nutritivas.
- La madre perfecta, si trabaja fuera de casa, sigue haciendo todo lo anterior... de manera impecable.
- Y por supuesto, la madre perfecta tiene hijos perfectos.

La mayoría de las madres con las que hablo tienen fantasías y expectativas poco reales acerca de la maternidad. Muchas mujeres afirman: «No importa lo que haga ni lo que sea, nunca es suficiente». Esperamos más de nosotras mismas, o pensamos que los otros esperan más. No importa lo que hagas o lo que no hagas por tu hijo, en lo profundo, guardas la ligera sospecha de que de alguna manera estás haciéndolo todo mal. Un día puedes sentirte todo un éxito como madre y al día siguiente un completo desastre.

Una madre lo describe de la siguiente manera: «A veces me parece como si el peso de la responsabilidad sumado a estos pequeños seres inmortales demostraran ser demasiado para mí... ¿Estoy haciendo lo correcto? ¿Estoy haciendo lo suficiente? ¿No estoy haciendo demasiado...?». ¡Esa mujer fue la madre de la escritora Louisa May Alcott, autora del libro *Little Woman* [Mujercitas], y dijo eso en 1883! Al parecer, las madres han luchado con la culpa durante mucho tiempo.

«No importa lo que haga ni lo que sea, nunca es suficiente».

Recuerdo como si fuera hoy el día en que con certeza me di cuenta de que no sería una madre perfecta. Mi primera hija, Samantha, fue un bebé bastante fácil: no sufrió de cólicos, dormía mucho, no tuvo demasiados resfríos ni problemas de salud. Así que con honestidad puedo decir que hasta que tuvo alrededor de tres años, pensé que estaba haciendo muy buen trabajo. No tenía grandes remordimientos... todavía.

Entonces algunos amigos me recomendaron un libro llamado *Toilet Training in a Day* [Cómo aprender a ir al baño en un día]. Esta estrategia prometía obtener el éxito en tres o cuatro horas. Básicamente, se trataba de un cambio de conducta y había funcionado de forma fabulosa para varias mamás que yo conocía. Así que casi memoricé el libro y tomé seis páginas de notas. Elegí el día exacto en que Samantha recibiría instrucciones sobre cómo dejar los pañales. Yo estaba preparada por completo para hacer tratos a cambio de recompensas, apagar el teléfono y tener a una niña feliz descansando. De más está decir que las seis horas siguientes fueron unas de las más frustrantes de mi vida. Samantha le enseñaba a su muñequita a ir al baño. Le encantaban los tratos. Sin embargo, sufrimos cinco accidentes en los pantalones. Tuvimos largas conversaciones y hora de cuentos mientras se sentaba en la sillita, pero no hacía nada. Cinco minutos más tarde, en el piso de la cocina había un charco.

Me sentía todo un fracaso. ¡Era evidente que Samantha nunca había aprendido sobre el perro de Pavlov! Le puse de nuevo el pañal a las seis en punto esa tarde. Lo único que quería era una tina caliente con una botella de vino y llorar... y eso que no soy una gran bebedora. Lo más triste es que mi pequeña vio lo impaciente y frustrada que estaba mami y se puso mal. Hice una gran cosa de algo que ella no se sentía para nada motivada a cambiar, y dejamos pasar muchos meses antes de volver a intentarlo. Ese día, fue la primera vez que tomé conciencia de que nunca sería una madre perfecta.

En cierta ocasión, siendo una mamá primeriza, estaba dándoles un vistazo a los anaqueles en una librería cuando descubrí un libro con un título que me llamó la atención: *Good Enough Mothers* [Madres lo suficiente buenas]. Mi primera reacción fue: Nunca podré ser lo suficiente buena. Sin embargo, me intrigó el título, así que compré el libro de Melinda Marshall. La literatura de Marshall me ayudó a revisar mi ambivalencia sobre trabajar fuera del hogar y mi sensación de que no estaba a la altura en ningún ámbito: como líder, esposa, madre, hija, amiga y mucho menos como ama de casa. A través de la lectura, la oración y la charla sincera con otras mamás, comencé a sentir la libertad de reinventar lo que significaba la maternidad para mí y mi familia, así como a dejar a un lado mis niveles perfeccionistas y mi culpa debilitante. Por supuesto, cuando mi hija de cuatro años se prendía de mi pierna y lloraba lágrimas de cocodrilo cuando me ausentaba tres mañanas por semana, me llenaba de dudas. No obstante, al llegar a la oficina, Katie, nuestra sensible y sabia niñera, me llamaba para informarme de que no bien dejaba la entrada de la casa, Samantha al instante se dirigía a ella, se secaba las lágrimas y preguntaba: «¿Cuál es el plan para hoy, nana?». Mis dos hijas son las reinas del drama, así que tuve que aprender a interpretar de forma objetiva cómo mis horas de trabajo en verdad las estaban afectando y cuál sería el equilibrio deseado para nuestra singular situación.

El mito de tenerlo todo... y de una vez

Melinda Marshall escribe mucho sobre los sacrificios y la clase de equilibrio esquivo que la mayoría de las mamás busca, en especial si trabajan fuera del hogar. Ella propone una reacción interesante con respecto a la palabra usada más comúnmente para describir la vida de una mujer que trabaja: hacer malabarismos.

Con frecuencia, lo que limita las alternativas a las madres que trabajan es la tendencia a considerar todos los roles como algo moral o ideológicamente crítico, y por lo tanto, con la misma importancia. Eso se llama hacer malabarismos, un término acertado, dado que implica que todas las pelotas deben permanecer en el aire y el malabarista nunca puede descansar. En realidad, ella está condenada a mantenerlo todo en un movimiento perpetuo sin tener la satisfacción de llegar a algún lado ni terminar algo. Si el malabarista se cansa o relaja su concentración, el número termina siendo un fracaso. La audiencia le presta atención al malabarista siempre y cuando desafíe lo inevitable[6].

Antes de intentar equilibrar a la perfección todas las responsabilidades que tenemos, aconsejo a las madres que reconozcan que nuestras vidas consisten en una constante serie de sacrificios y compromisos. A la mayoría de nosotras no nos gusta la idea del compromiso, pero yo deduzco que todas las personas hacen esta clase de sacrificios todos los días. Decidimos si podemos sacrificar el tiempo de hacer ejercicio, llamar a nuestros padres, aspirar la casa, llevar a un hijo a la práctica de fútbol, tomar un café con una amiga y todas las otras pequeñas decisiones que componen juntas la estructura de la vida diaria. Empecé a aprender que a menos que ajustara mis expectativas en cada una de las áreas, andaría por la vida sintiéndome miserable y atormentada por el remordimiento. Todos los expertos en paternidad están de acuerdo en que una mamá infeliz, aun una mamá que se ve como un mártir y abandona todo el tiempo personal por amor a sus hijos, no le está haciendo ningún favor a ningún miembro de la familia.

Aprender a escuchar y confiar en la voz interna del Espíritu Santo a medida que mi esposo y yo tomamos innumerables decisiones y establecemos cada semana un orden de prioridades es la única forma que conozco de crear una versión de la maternidad y el ministerio que se ajuste a lo que Dios quiso que fuera. Reconozco que cumpliré esta tarea de un modo distinto al de otras mujeres y madres, y que así debe ser. Todas lo descubrimos a medida que avanzamos, aprendiendo de nuestros errores, prestándole atención a la suave y pequeña voz que nos impulsa en una u otra dirección. Ser madre es un arte, no una ciencia.

Cuando Melinda Marshall describe el compromiso y los sacrificios, me identifico por completo con su imagen:

¡Y entonces tuvimos hijos!

La mayoría de las mujeres a la larga buscan el compromiso como un medio y no como un fin. No están disminuyendo sus expectativas, sino sopesando con más cuidado lo que están dispuestas a pagar por lo que quieren. En vez de insistir en lo que no pueden cambiar, ponen su atención en las acciones que pueden realizar y realizarán de un modo eficaz. En vez de considerar todas las opciones como si fueran igual de vitales para perseguirlas, practican una elección estableciendo un orden de prioridades, dejando a un lado aquellas actividades que solo sirven para satisfacer las expectativas poco realistas de otras personas. No suprimen los roles que disfrutan simplemente porque no pueden desempeñarlos a la perfección. Para ellas, el éxito significa el equilibrio, que se obtiene no a un costo insoportable, sino haciendo sacrificios aceptables [...] No desean que la vida sea sencilla; solo quieren sentir que la están convirtiendo en una vida mejor. No desean ser perfectas; simplemente no quieren que se espere que lo sean. Lo que pretenden es ser lo suficiente buenas[7].

Yo hago sacrificios todo el tiempo. Elegir entre tener una casa que rara vez está perfectamente limpia (bueno... nunca) o contratar un servicio de limpieza para que venga semana de por medio es uno de esos sacrificios. Me doy cuenta de que no todos los presupuestos pueden pagar este tipo de ayuda, y no la doy por garantizada. Cuando mis hijas eran pequeñas, festejaba las semanas en que podía salir a hacer gimnasia tres días. Ahora que son más grandes puedo hacerlo más seguido. Las citas de noche, el tiempo con las amigas, las noches enteras a solas con mi esposo, decir que no a los principales roles de voluntariado en la escuela pública, rechazar algunas, aunque no todas, las oportunidades del ministerio que requieren viajar... todo esto se suma a las pequeñas decisiones que en su conjunto constituyen una vida. Cada familia es única y cada situación es distinta. Fui bendecida con un esposo que trabaja de forma independiente y trabajó fuera de casa durante los primeros años de vida de nuestras hijas. Él es clave en cada paso del camino y me ofrece libertad para cumplir con mi ministerio, lo que a veces incluye semanas enteras de viajes a fin de dictar conferencias en el exterior. No todos los esposos cuentan con esta clase de flexibilidad, y algunas madres transitan la maternidad sin recibir mucha o ninguna ayuda de su cónyuge. Sinceramente, no puedo imaginar a plenitud los desafíos de una madre que se encarga sola de la custodia de sus hijos... y tengo en gran estima a aquellas que conozco que se levantan todos los días y realizan su tarea con tanto valor y bondad.

La vida como mujeres y madres también es temporal. Justo cuando pensé que comenzaba a manejar los horarios de mis hijas, algo cambió. Cada época de ser madre presenta distintos desafíos y demanda diferentes sacrificios. Estoy bastante segura de que mi hija mayor algún día le dirá a su psicólogo que me perdí varios bailes de su escuela y la sesión de fotos previa. Por un malentendido en los horarios y la falta de información clara de parte de las escuelas, sí, me perdí algunas actividades. Estaba resuelta a no perderme el baile de graduación, así que evité todo tipo de viaje durante el mes de mayo. Sin embargo, cada vez que estuve ausente, mi esposo siempre tomó las riendas. Al igual que muchos padres de hoy, Warren está sumamente comprometido y es tan flexible como puede a fin de contribuir a que nuestro sistema familiar funcione.

> *Cada familia es única y cada situación es distinta.*

El diario *Chicago Tribune* publicó hace poco una columna con el alentador título: «Oye, mamá, lo estás haciendo bien según dicen los estudios». El artículo informaba sobre un análisis realizado por la Universidad de Maryland que concluye que las madres de hoy pasan más horas prestándoles atención a sus hijos que sus propias madres cuarenta años atrás. A pesar de que la mayoría de las madres sienten que no hacen lo suficiente, el estudio revela que en realidad las mamás en la actualidad están más involucradas cada semana tanto en el tiempo primario (cuando el niño es el centro de atención de los padres) como en el tiempo secundario[8]. Esta es una noticia sorprendente para la mayoría de las mamás contemporáneas, las cuales asumen que sus propias madres y abuelas fueron mucho más atentas que ellas.

En definitiva, creo que una mujer que está consagrada a seguir a Jesucristo recibirá la guía y el discernimiento para saber cómo le está yendo como madre en cualquier etapa. Cuando le prestemos atención a la correcta clase de culpa, tal vez descubramos que no nos hemos enfocado lo suficiente en una determinada área de nuestra vida y elijamos hacer un ajuste necesario. De una vez, he decidido abandonar toda imagen de malabarismos, porque inevitablemente dejo caer las pelotas y me siento un fracaso.

Más bien, sugiero que reconozcamos que el Espíritu nos revelará ciertas épocas en las que de manera intencional debemos enfocarnos más en nuestros hijos, nuestro esposo, nuestros padres ancianos, los desafíos del ministerio o nuestros amigos. Y cuando esa época termine, de nuevo nos dedicaremos con energía y pasión a cualquier cosa que haya recibido menos atención por un tiempo. Eso es lo que creo que significa en realidad caminar con Dios, día a día, minuto a minuto. Podemos confiar en nuestro Dios para que nos muestre lo que significa descansar en ser lo suficiente buenas. En verdad, no existen las madres perfectas y ninguna de nosotras conocerá la dicha de tenerlo todo... todo de una vez.

¡Quiero una esposa!

No puedo terminar este capítulo sin reconocer que mi travesía como madre que trabaja fuera de casa es muy distinta a la que observo entre los papás de nuestro equipo de trabajo. A veces he sentido envidia sabiendo que la mayoría de estos muchachos están casados con mujeres que son madres a tiempo completo, que permanecen en la casa y les dan la libertad de enfocarse en muchas más tareas del ministerio de las que yo puedo abarcar. Sin pretender ser insensibles, mis colegas hombres cuentan historias de cómo sus esposas manejan la administración del hogar, realizan la mayoría de los quehaceres domésticos, ayudan con las tareas escolares y atienden los pequeños detalles de la vida que todas nosotras enfrentamos, como son las consultas al médico, los viajes a la lavandería, hacer cambiar el aceite del auto, etc. En este contexto, pienso para mis adentros: «¡Quiero una esposa!». Si bien estoy profundamente agradecida por el aporte de Warren en el hogar, la realidad es que, como mamá, todavía siento el peso y la carga de hacerlo todo.

Con los años, aprendí que los hombres con los que trabajo no entienden del todo lo distinto que es para mí hacer la obra del ministerio.

Algunos de estos roles de la familia claramente definidos están cambiando, y sé de algunas parejas donde la carga del hogar en realidad está dividida en partes iguales. En nuestro caso, admito que elegimos sentirnos cómodos con una bastante típica división de las responsabilidades y tareas domésticas. Warren se encarga de cortar el césped, despejar la nieve, mantener los autos y pagar las cuentas. Yo resuelvo el tema de las comidas, la ropa sucia y la limpieza general de la casa. Además, como por lo general tiendo a ser más organizada, soy la programadora familiar. Cuando Warren y yo planeamos escaparnos un fin de semana y dejamos a las niñas con algunos amigos o parientes, Warren solo tiene que decidir qué empacar para él. Mientras tanto, yo hago largas listas de notas para la persona que se quedará a cargo de todo con los detalles de los horarios de las chicas, teniendo en cuenta el transporte y las fechas de los partidos. ¡Cuando llega la hora de marcharnos, estoy exhausta por toda la preparación! Sin embargo, la cruda verdad es que a menudo me hago cargo de estas tareas porque tengo miedo de que no las hagan de manera correcta o me encanta desempeñar el papel de mártir.

Creo que para la mayoría de los hijos existe una diferencia fundamental en la manera en que responden ante la ausencia de una madre y la ausencia de un padre. Cuando me preparaba para ir a Europa o a un largo viaje a Australia, en especial cuando mis hijas eran bastante pequeñas, se angustiaban pensando en mi partida. Así que creamos una tradición en casa conocida como el *calendario rosa*. Usaba un gran tablero rosado y bosquejaba un calendario de mi viaje para ayudar a las niñas a contar los días hasta mi regreso. Sujetaba con alfileres una nota sobre cada uno de los días del calendario. Algunas de estas notas decían «Día de regalos», lo cual indicaba que en un escondite en el ropero estaban guardados pequeños regalos para ellas. ¡Pronto mis hijas ansiaban tanto el calendario rosado que me preguntaba si preferirían mi ausencia! Sin embargo, he aquí lo que más me fascinaba: cada vez que Warren necesitaba viajar debido a su trabajo en el ministerio, no había lágrimas. En cambio, las niñas decían con calma: «Adiós, papá», y le daban un abrazo. Nuestras hijas adoran a su padre, pero sin duda es mucho más difícil cuando mamá se va. Esto a veces me vuelve loca… y aun así, es muy lindo sentirse querida.

Con los años, aprendí que los hombres con los que trabajo no entienden del todo lo distinto que es para mí hacer la obra del ministerio. Muchos de ellos simplemente no lo comprenden. Por ejemplo, cuando alguno de los muchachos del equipo administrativo propone reunirnos a desayunar a las seis de la mañana, soy la única que de forma rutinaria dice: «Perdón, pero eso no funcionará para mí». Preparar a las chicas para ir a la escuela y lidiar con el transporte hace que esas reuniones tempranas sean demasiado complicadas. O solicitan una reunión espontánea o un viaje a último momento, sabiendo que para la mayoría de ellos esto no representa un problema en el hogar. Mientras tanto, a mí me sube la presión y mi mente se convierte en un torbellino de preguntas: «¿Cómo podría cumplir con esta tarea?». En algunos casos, les he contado con amabilidad algunos de estos desafíos a mis colegas varones debido a que servimos juntos en comunidad. Puede ser tentador fingir que soy capaz de lidiar con todo sin problemas, lo que en realidad resulta arrogante. También temo un poco que si revelo mis limitaciones, pueda perder mi silla en la mesa. No obstante, cuando escojo a veces explorar alternativas y hablar de la necesidad de un plan más flexible, allano el camino para otras mujeres que trabajarán con estos hombres en el futuro, y además para los papás que también necesitan hacer algunos compromisos. En esta vida, nunca seré bendecida con una esposa propia... ¡pero tener un ama de llaves o un mayordomo a tiempo completo seguro sería genial!

Nuestro ejemplo importa

Ya sea que una madre trabaje fuera de casa o no, el modelo que mostremos es muy importante para nuestros hijos e hijas. No debemos criar jóvenes que crean que el mundo se trata de ellos. Creo que cuando un hijo reconoce que mamá o papá están locos por él, pero también tienen otros intereses, pasiones y responsabilidades, ese hijo está bien atendido. Ver a un padre totalmente involucrado en maximizar sus dones espirituales impacta a un hijo o una hija por mucho tiempo. Los hijos cuyos padres están casados tienen la oportunidad de observar lo que significa que marido y mujer se sirvan entre ellos, sean el apoyo y el sostén del otro, y se concedan la libertad para hacer un aporte al mundo.

En definitiva, esto se reduce a conocer el verdadero origen de nuestra identidad. Nuestra identidad fundamental no es la de ser madres ni padres. El Dr. Henry Cloud y John Townsend nos recuerdan que ser padres es un empleo temporal, no una identidad. «Los padres que no tienen una vida aparte de la de sus hijos les enseñan que el mundo gira alrededor de ellos [...] Satisface las necesidades del niño y luego exígele que satisfaga las suyas propias mientras tú te ocupas de las tuyas»[9]. ¡Qué regalo para darles a nuestros hijos! En lugar de asumir que mamá y papá siempre estarán allí exclusivamente para ellos, los hijos entienden que otras personas y sus necesidades importan también. Me encanta ver a hijos e hijas que comienzan a servir junto a sus padres, experimentando y descubriendo a lo largo del camino sus propios dones e intereses.

Una mamá que conozco llevaba todos los meses a sus hijos a un geriátrico donde «adoptaban» a algunos abuelos a fin de cuidarlos. Si bien sus hijos a veces protestaban por los olores y lo que veían en ese lugar, aprendieron a dejar a un lado su propia comodidad durante unas horas y desarrollar empatía por algunos ancianos que pasaban la mayor parte del día solos. En nuestra iglesia, algunos padres incluyen a sus hijos e hijas en tareas como cuidar de la propiedad de la iglesia, instalar el equipo de sonido o servir la comida. ¡Qué lecciones increíblemente importantes están aprendiendo estos niños! Hace un par de años, Warren y yo llevamos a nuestras hijas a República Dominicana para visitar a algunos de los compañeros del ministerio que nuestra iglesia tiene allí. Warren actualmente lidera el ministerio de Relaciones Mundiales y ansiaba que Samantha y Johanna salieran de la burbuja suburbana y le dieran un vistazo a cómo es la vida en un país pobre. Nunca olvidaré la caminata con un pastor por Santo Domingo, mostrándoles a nuestras niñas un barrio a una distancia increíble de la iglesia donde familias enteras viven en espacios más pequeños que los dormitorios de mis hijas. Durante al menos unos días, vivieron una realidad que desafió el sentido de lo que es en verdad una «necesidad» y lo que es un «lujo». Me encantó verlas observar a su papá en acción, cumpliendo la tarea encomendada por Dios como siervo de aquellos en necesidad.

Nuestra identidad fundamental no es la de ser madres ni padres.

Como mis dos hijas tienen algo de mi ADN, les encantan las artes escénicas, en especial actuar. Desde que eran pequeñas, las llevaba conmigo a algunos de nuestros ensayos, donde veían a músicos, actores, bailarines y artistas técnicos que servían con humildad, autenticidad, creatividad y excelencia. Al principio, pensé que llevarlas a esos encuentros servía más que nada para evitar la guardería infantil, pero en realidad estaban aprendiendo de todas esas experiencias tempranas y también construyendo relaciones con otros adultos creyentes. Estoy muy orgullosa de verlas como adolescentes escribiendo, actuando, e incluso en ocasiones dirigiendo varios encuentros juveniles o los cultos semanales de la iglesia. ¡No hay nada como ver a tus hijos desarrollar sus dones y saber para qué nacieron!

Ser una mamá involucrada en el ministerio ha sido el más complicado, exigente y a veces frustrante desafío de mi vida. No obstante, si tuviera que hacer todo de nuevo, no haría ningún cambio. Sé que soy una madre lo suficiente buena. He cometido errores, pero no ando por la vida cargando con grandes remordimientos. Si eres mamá, te insto a que escuches la suave voz del Espíritu y permitas que nuestro Dios te ayude a construir tu propio sendero a la maternidad. Nadie puede escribir ese capítulo por ti... tu historia será toda tuya. Y al observar el panorama de las cosas, puedes alabar a Dios como yo lo hice cuando supe por primera vez que un bebé se estaba formando en mi vientre... ¡Y además esto!

Cómo encontrar tu voz

Hace varios años recibí una llamada de una profesora de cierta universidad en Carolina del Norte, una mujer encantadora llamada Jane Stephens, la cual me preguntó si podía entrevistarme para su tesis. Cuando le pregunté sobre el enfoque de su investigación, Jane explicó que había seleccionado doce mujeres líderes de varios ámbitos como casos de estudio para explorar la voz femenina. En realidad no tenía idea de lo que hablaba, pero me cayó bien por teléfono y pensé que al menos disfrutaría de un almuerzo con ella. Así fue que pasamos varias horas en mi restaurante preferido tomando mucho té helado y conociéndonos.

¡Hablando de mujeres que inspiran! Me enteré de que Jane es profesora de literatura inglesa en una universidad de humanidades y letras, está casada con un médico, y es la madre de seis hijos. Sus dos hijos más pequeños llegaron a la familia gracias a una milagrosa adopción en Kenya, donde Jane estuvo seis meses trabajando en su tesis. Tan solo imaginar las exigencias de la vida de Jane me produjo ganas de tomar una siesta. No obstante, descubrí que ella tenía los pies sobre la tierra y era tan accesible como cualquier persona. Sabía escuchar muy bien y mostraba una genuina curiosidad y un profundo interés en lo que yo tenía que decir. Al instante me cayó bien y la admiré. Jane me hizo preguntas sumamente sutiles sobre mi niñez, las mujeres que me influenciaron, y luego llegamos por fin al meollo de la cuestión: encontrar mi propia voz. Jane me contó que ella había ido a una de las primeras conferencias que nuestra congregación organizó para otros líderes de iglesias, a la que asistieron principalmente pastores varones. En ese entonces, me observó como una mujer joven en dos contextos: dando mis comentarios preparados frente a todo el grupo en una sesión principal y también mientras respondía preguntas durante un taller. Entonces me preguntó si estaría dispuesta a escuchar su opinión sobre las diferencias que percibió en mi estilo de comunicación entre la sesión principal y el taller. Dado que ya se había ganado mi confianza a través de nuestra cálida charla, respondí: «Seguro, me encantaría escuchar tu punto de vista». Jane pasó a explicar que cuando hablé en la sesión principal, notó una especie de incertidumbre, que mi mensaje era elocuente, pero no convincente. Fue en el momento de las preguntas y respuestas del taller que escuchó por primera vez mi verdadera voz. Mientras contestaba una pregunta desafiante, Jane dijo que pudo sentir que estaba procesando y pensando en voz alta, mostrando un sentido de franqueza, pasión y descubrimiento, según sus palabras, *siendo yo misma*.

Jane y yo exploramos luego juntas lo que significa encontrar la propia voz, en especial como una mujer que trabaja en un ambiente donde predominan los hombres. Me alentó con amor a que evitara imitar las voces de otros y en cambio buscara y desarrollara con afán mi propia y única voz.

Las palabras de Jane todavía resuenan en mi mente y mi corazón quince años después. Ella continuó completando su tesis, parte de la cual más tarde condensó en un artículo que incluí en el apéndice 2 (página 177). Su aporte al estudio sobre cómo se comunican las mujeres líderes y las diferencias entre la retórica femenina y la masculina es de gran importancia y llena una brecha en lo que había sido previamente explorado. He aquí un extracto fascinante tomado de la obra de Jane:

> Desde Aristóteles, la retórica ha sido definida como «la facultad de descubrir todos los medios de persuasión disponibles», y la historia del liderazgo y la retórica ha sido una historia de aquellos que tuvieron acceso a la autoridad cívica y a un foro público. Hasta hace poco, las mujeres no gozaron de ninguna de estas ventajas, pero influenciaron de maneras importantes a los que las rodeaban al descubrir sus propios «medios de persuasión disponibles». Históricamente, las mujeres han sido motivadas a apreciar la influencia que tienen a través de las relaciones con su esposo o hijos; ellas han liderado persuadiendo a los persuasores o informando a los informantes. Desde esta posición intermedia, aprendieron a aprovechar el poder

del lenguaje en terrenos menos abiertos y formales que aquellos pertenecientes a los foros jerárquicos tradicionales: por medio de canciones y cuentos, en las fiestas de pijamas y los encuentros en los clubes, y a través de cartas y conversaciones. Por lo tanto, desarrollaron una historia de retórica y liderazgo que ha alimentado el desarrollo de nuestro mundo tanto en formas que recién comenzamos a rescatar como en otras que ya hemos perdido y nunca conoceremos en su totalidad. Como resultado, la historia continua del liderazgo de la mujer ha sido menguada, no solo por nuestra histórica falta de acceso a la autoridad directa y legítima, sino por nuestra constante falta de conexión con las tradiciones de las poderosas voces femeninas no registradas. Si perdemos los recuerdos, el lenguaje y las imágenes que hemos heredado de las mujeres líderes en el pasado a favor de un estilo de liderazgo masculino, ¿podrá la próxima generación de mujeres líderes convertirse en lo que Gloria Steinem llama «mujeres imitadoras»?[10]

¿De qué manera puede una mujer líder y maestra que está rodeada de comunicadores varones evitar la tendencia a imitarlos? ¿Qué le impedirá descuidar el descubrimiento y la expresión de su propia y única voz? ¿Y cómo definimos lo que significa esa voz?

Cuando conocí a Jane, el concepto de voz era totalmente nuevo para mí, y todavía no siempre es fácil definirlo. Jane me presentó la idea durante nuestro primer almuerzo juntas y luego me ayudó a entenderla cada vez más a través de su obra:

> La voz tiene dos componentes. Se trata de aprender a estar en contacto, escuchar y confiar en tus propios instintos; se trata de enhebrar el instinto y la experiencia con el fulcro de la expresión clara y definida. Nacida en la intersección del titubeo y la certidumbre, requiere tanto presencia como vulnerabilidad [...] Los líderes precisan encontrar su propia voz, sus mejores recursos, a fin de ser genuinos en medio de su organización, y necesitan invitar y acoger la plena presencia de sus colegas. Tener voz es estar plenamente presente, sentir que nos tienen en cuenta y pueden contar con uno, tener algo que decir y ser escuchado. La recompensa de trabajar en una organización en la que

todos aportan su voz al trabajo es una medida plena de energía, equilibrio, comprensión y diversión[11].

¡Creo que a todos los líderes les gustaría tener esa clase de voz! Las palabras de Jane me inspiran a trabajar para lograr estar «plenamente presente», así como también a «acoger la plena presencia» de mis colegas: destrezas que demandan habilidades comunicativas bien desarrolladas a medida que experimentamos con esto de descubrir nuestra voz. Cuando tomé por primera vez mi lugar en la mesa del liderazgo (pese al hecho de que tengo una maestría en comunicación), subestimé cuán esencial era tener la destreza de poseer una voz única. Con el tiempo, descubrí que se necesitarían ciertas herramientas en el transcurso de la comunicación diaria, en los pequeños contextos en los cuales todos los líderes se hallan minuto a minuto. Mi trayectoria como comunicadora comenzó no en una plataforma, sino en las pequeñas oficinas y salas de reuniones, los desayunos y almuerzos en los restaurantes de la zona, y los butacas de la sala donde interactuaba con los voluntarios. Antes de explorar el arte de comunicar y enseñar a grupos más grandes, debemos evaluar si nuestra caja de herramientas tiene lo que se necesita para estas interacciones diarias, frecuentes e íntimas.

Comunicarse con eficacia no es una opción para un líder... es algo absolutamente esencial.

Herramientas esenciales para la comunicación diaria

Comunicarse con eficacia no es una opción para un líder... es algo absolutamente esencial. No todos los líderes tendrán que hablar frente a grandes grupos, pero todos ellos participan todo el tiempo del delicado arte de la comunicación en cada encuentro, ya sea verbal o no verbal. Cada conexión con alguien de nuestro equipo es una oportunidad para influenciar, aclarar la visión, reforzar valores o simplemente una ocasión para animar, inspirar o corregir. La voz de un líder emerge en la acumulación de estos pequeños momentos, y debemos asumir el compromiso de descubrir y desarrollar esa voz única.

Desarrolla tu voz en la comunicación diaria

Aprendí una manera de ser intencional con respecto a desarrollar mi voz: volver a reflexionar a diario en ciertas reuniones o conversaciones específicas. Separar un tiempo para evaluar mi comportamiento en estos encuentros me ayuda a reconocer si mi voz se hace más fuerte y consecuente cada día. De modo típico, hago esto formulándome una serie de preguntas sobre cómo me desempeñé en una situación y si estoy progresando en el desarrollo de mi voz. Estas son algunas de las preguntas que encontré útiles al evaluar mi voz en las comunicaciones diarias:

- ¿Sostuve en realidad un punto de vista propio en esa reunión? ¿Demostré tener un fuerte sentido de mis instintos y perspectivas en las cuestiones que exploramos?
- Una vez que entré en el ritmo de la conversación, en especial si otros expresaron puntos de vista audaces, ¿me cuestioné luego de cada cambio de dirección?
- ¿Cedí demasiado rápido cuando mi opinión fue confrontada por el punto de vista de otro?
- ¿Fui congruente o hubo una diferencia entre lo que en realidad pensaba y lo que decía? ¿Cuánto oculté?
- ¿Cuál fue mi tono cuando surgió un tema en el que tenía una fuerte opinión? ¿Estuvo mi conducta sincronizada con la pasión que sentía o traté de protegerme actuando como si no me importara mucho?
- ¿Cuál fue mi grado de participación en la reunión? ¿Monopolicé la conversación, me quedé notablemente callada o fui equilibrada?
- Luego, durante el resto del día, ¿pensé en todo lo que desearía haber dicho o expresado de otra manera, o estuve satisfecha con mi desempeño?

Con el ritmo frenético de vida que llevamos, las magníficas habilidades para escuchar son raras y más necesarias que nunca antes.

Puede que de vez en cuando sea útil pedirle a un compañero de trabajo de confianza que reflexione contigo con respecto a estas preguntas. Solicitar un análisis de parte de los colegas es como sostener un espejo para mirar con más precisión cómo te comportaste y comunicaste en las reuniones, y si la gente con la que trabajas observa patrones en el grado en que tu voz se pone de manifiesto en realidad. La mayoría de nosotros tenemos puntos ciegos con relación a cómo le caemos a los demás, y el gran desafío es encontrar maneras de vernos con más claridad e identificar en qué somos fuertes y en qué necesitamos mejorar.

Muy relacionada con desarrollar la voz de uno está la necesidad de practicar algunas habilidades comunicativas básicas que son esenciales para todo líder. Si bien el siguiente análisis puede parecer que proviene del curso *Comunicaciones interpersonales para principiantes*, siempre me sorprende con cuánta frecuencia necesitan los líderes (y me incluyo) que se les recuerden y se les refresquen estos conceptos fundamentales.

Cómo desarrollar habilidades básicas para la comunicación diaria

Al reflexionar sobre las habilidades básicas que todo líder necesita para comunicarse en contextos más pequeños, pienso en cuatro herramientas principales que no pueden faltar: escuchar con atención, hacer preguntas perspicaces, tener momentos de enseñanza y responder.

1. Escuchar con atención. La mayoría de nosotros, cuando escuchamos la palabra *comunicación*, pensamos de inmediato en hablar. Sin embargo, una herramienta mucho más esencial es el arte de escuchar. Al estar en presencia de una persona que sabe oír, nos sentimos liberados, seguros de poder contar nuestras historias y muy apreciados. Mi amiga Corinne es una de las personas que conozco que mejor sabe escuchar. Ella demuestra una capacidad sensacional para prestarle atención a cualquier persona que mire a los ojos. Cada vez que tengo el privilegio de sentarme con Corinne, sé que durante esos momentos ella está *totalmente presente, sin distraerse* para nada con otra persona que pueda pasar caminando, su propia agenda o los planes para el día. Por un momento, soy su máxima prioridad y parece infinitamente fascinada por lo que tenga que contarle, no importa cuán trivial o mundano pueda parecerme. Corinne les ofrece a otros el regalo de sus ojos, su energía, su compromiso pleno.

Con el ritmo frenético de vida que llevamos, las magníficas

Cómo encontrar tu voz

habilidades para escuchar son raras y más necesarias que nunca antes. Cuando un colega o miembro del equipo demora a alguien en la entrada o se acerca para tener una charla personal, es hora de apagar el celular, ignorar el sonido de la computadora indicando que recibiste otro correo electrónico, y ofrecer el don de la atención. Si hay otro asunto que no puede hacerse a un lado, no finjas... solo pídele reprogramar la conversación para un momento en que puedas involucrarte de lleno. Tengo una mente que le encanta anticiparse a lo que el otro está diciendo, preguntándose cuál será el próximo pensamiento, elaborando mi propia respuesta, e interrumpiendo de forma impulsiva con un brillante comentario o una observación. ¡Nada más alejado de ser alguien que sepa escuchar! Necesitamos aprender a respirar durante las conversaciones, a recordar que solo se necesitan unos instantes adicionales para retardar nuestras respuestas y darle a la otra persona espacio para comunicarse. Tengo una amiga que completa las oraciones de otras personas antes que hayan terminado de hablar, como si no pudiera esperar a que terminen. Esto a menudo significa que las dos estamos diciendo al unísono las últimas palabras de una oración, lo que resulta extraño y poco elegante. El objetivo es escuchar de tal manera que la otra persona sienta que en ese momento no te importa nada más que oír y entender el significado de lo que dice.

2. Hacer preguntas perspicaces. Además de escuchar bien, un líder necesita hacer preguntas perspicaces. Las preguntas perspicaces son aquellas que van más allá de lo evidente y hacen surgir los mejores pensamientos en la persona que está hablando, llevando la conversación a un nivel más profundo. Los líderes se ven tentados, aun cuando están escuchando con atención, a dar de inmediato una respuesta, una solución o una recomendación bien pensada. Creemos que somos la persona con la respuesta. Sin embargo, en el proceso del diálogo, el arte de hacer preguntas perspicaces con frecuencia le sirve al líder mucho más.

No existe un modelo más grande de una persona que supo hacer preguntas magníficas que nuestro líder, Jesucristo. Un recorrido por cualquiera de los cuatro Evangelios muestra muchos ejemplos de ocasiones en que Jesús importunó a alguien con una pregunta sagaz. En Lucas 10:25-37, un experto de la ley se pone de pie para poner a prueba a Jesús y le pregunta: «Maestro, ¿qué tengo que hacer para heredar la vida eterna?». Creo que la mayoría de nosotros al instante le hubiéramos dado una respuesta fácil, tal vez las cuatro leyes espirituales o una cita de las Escrituras. Jesús no. Él lo abordó con una de sus preguntas: «¿Qué está escrito en la ley? ¿Cómo la interpretas tú?». Al obligarlo a pensar un poco, a recordar lo que había aprendido en la ley, Jesús lo introduce en un diálogo mucho más interactivo, que finalmente conduce a la historia del buen samaritano e incluso a más preguntas para procesar el significado de esa ilustración.

Las preguntas perspicaces están enfocadas en la otra persona, buscan entenderla o ayudarla a entenderse mejor.

Cuando un líder nos hace una pregunta perspicaz, tendemos a responder con un mayor sentido de responsabilidad y propiedad: reconocemos el valor que tenemos para llegar a una solución antes de esperar que el líder lo resuelva todo. Eso se debe a que las preguntas perspicaces están enfocadas en la otra persona, buscan entenderla o ayudarla a entenderse mejor.

Sentada frente al escritorio de Judson, uno de los hombres que integraba mi primer equipo, sabía que él estaba atascado en una serie de responsabilidades y tareas que ya no lo cautivaban y tampoco producían la clase de resultados que necesitábamos. Sin duda Judson también sabía esto. Insegura de cómo ayudarlo a salir de la situación en que se encontraba y qué recomendarle como próximo paso, decidí hacerle unas cuantas preguntas: «Judson, ¿qué tareas y responsabilidades desearías que incluyera tu empleo si la iglesia estuviera dispuesta a pagarte por lo que propusieras? ¿Cómo sería ese trabajo? ¿De qué manera invertirías tus horas cada semana de modo que te sintieras impulsado a saltar de la cama y entusiasmado por dirigirte a la iglesia, con una sensación de profunda satisfacción porque este es el trabajo para el que naciste?».

Judson me miró con incredulidad. No podía imaginar que alguien en realidad se preocupara por crear un puesto de trabajo cuya descripción se basara en sus fortalezas y diseñara a la medida algo que lo liberaría para enfocarse en su mejor contribución posible. Le llamé a esto la «descripción laboral de Disneylandia», y aunque no le aseguré que podíamos pagarle por lo que él propusiera, sí le prometí prestarle mucha atención a sus sueños y hacer lo que estuviera a mi alcance para defender ese rol si podíamos ajustarlo a las necesidades de la iglesia. Mi pregunta comenzó un proceso que resultó en un nuevo rol para Judson, uno que no ha dejado de sufrir cambios a través de los años y que pienso que ayudó a mantenerlo en el ministerio a largo plazo. Judson sirve con alegría y está haciendo aquello para lo cual fue creado. Y gran parte de su transformación comenzó con algunas preguntas perspicaces.

¿Recuerdas algún momento clave en tu experiencia ministerial en el que alguien te hizo una pregunta perspicaz? ¿Cómo te hizo sentir esto? Si eres como yo, con seguridad te sentiste profundamente valorado, sabiendo que la persona que te escuchaba no solo te oyó, sino que quiso explorar más hondo y comprenderte mejor. Quizás te sorprendió un poco que alguien te diera el invaluable regalo de la atención plena.

Al liderar a otros, apóyate en el delicado arte de hacer grandes preguntas. Esto no es una muestra de debilidad, alguna manera inferior de proporcionar siempre una respuesta. Tu enfoque interactivo en la mayoría de los casos te llevará a una relación más sólida y a la clase de compromiso y sentido de pertenencia a largo plazo que buscas en tus compañeros de equipo.

3. Tener momentos de enseñanza. En cada encuentro que un líder tiene con una persona o grupo existe un potencial flotando en el aire para lo que yo llamo *un momento de enseñanza*. Son oportunidades espontáneas que el líder tiene para aclarar la visión o reforzar un valor fundamental... para en esencia decir: *Esto es lo que somos y esto lo que no somos*. Los líderes crean una cultura, y establecer una especie de ADN para esa cultura abarca la manera en que interactuamos entre nosotros, cómo tratamos a aquellos en nuestra comunidad, y todos los mensajes que queremos comunicar y por los que deseamos ser conocidos. De vez en cuando, sucede algo específico que desencadena una reacción fuerte en un buen líder debido a que un valor fundamental fue violado, y sabemos que a menos que llamemos la atención en cuanto a esto, fácilmente podemos desviarnos del rumbo. Hay también momentos clave cuando un líder guarda un valor fundamental que ha sido sostenido de manera firme y lo refuerza celebrando la victoria.

Sin duda que los padres saben muy bien cómo aprovechar los momentos de enseñanza con sus hijos. Recuerdo una vez (está bien, pasó en más de una ocasión) en que una de mis hijas le dijo palabras muy desagradables a su hermana. Las llamé, las miré a los ojos y les dije: «En esta familia somos amables. Allá afuera en el mundo todos nos encontraremos con personas que no siempre serán amables. No obstante, dentro de esta casa seremos un refugio entre nosotros. Este es el único lugar donde pueden esperar ser amadas y tratadas con cuidado. Así que el tono y las palabras que acabo de escuchar no son aceptables, por lo que espero que te disculpes con tu hermana y tengas mucho más cuidado con lo que le dices en el futuro». ¡Desearía poder afirmar que tuve que hacer ese tipo de discurso solo una vez, pero de todos modos no me creerías!

De manera similar, dentro del contexto de un ministerio, tenemos oportunidades de mirar a los ojos a nuestros compañeros de equipo y decirles: «En este colectivo todos somos (completa el espacio en blanco)». Una situación específica puede servir como la mejor oportunidad para desencadenar uno de estos momentos decisivos. Por ejemplo, recuerdo una época en que nuestra iglesia estaba creciendo a un ritmo más acelerado del que el personal del liderazgo y los voluntarios podían manejar con responsabilidad. Si bien estábamos emocionados por toda la gente nueva que venía, también nos sentíamos agobiados con la tarea de forjar una comunidad en la que los concurrentes se sintieran conocidos, valorados e incluidos en la aventura de servir.

No desperdicies la oportunidad de aprovechar los momentos de enseñanza en los que puedas aclarar tus valores principales e inspirar a tu equipo a volver al camino.

En una de nuestras reuniones de personal, Bill Hybels habló de forma directa y sin eufemismos sobre los reclamos de algunas personas de la congregación que no recibían respuesta de parte del equipo pastoral a sus llamadas telefónicas (esto fue antes del correo electrónico). Bill nos dijo que tal cosa era inaceptable. Sabía que si la gente en la congregación se sentía perdida en la «vastedad» de la iglesia, esto podía minar todo lo que afirmábamos ser, en especial uno de nuestros lemas acerca de que *las personas son importantes para Dios, por lo tanto, son importantes para nosotros*. A fin de recalcar este punto, Bill dijo que si escuchaba algún reclamo de que un miembro del personal no había devuelto una llamada, él mismo rastrearía a esa persona y su trabajo estaría en riesgo. ¡Eso sin duda captó nuestra atención! Y entendimos el mensaje. Reconocimos que no responderles enseguida a las personas va en contra de lo que somos o al menos de lo que queremos ser. Deseamos que se nos conozca por atesorar a las personas como individuos y honrarlas con nuestra atención.

No desperdicies la oportunidad de aprovechar los momentos de enseñanza en los que puedas aclarar tus valores principales e inspirar a tu equipo a volver al camino.

4. Responder. Durante mi infancia, mis padres a menudo nos decían a mis hermanos y a mí que no podíamos *contestar*. También en ocasiones les repito las mismas palabras a mis hijas, y la mayoría de las veces considero que es una lección apropiada que los hijos tienen que aprender en cuanto a aceptar (sin mucha discusión) las órdenes de sus padres. El problema es que para muchos adultos, en especial las mujeres, este patrón de sumisión permanece pasada la niñez. Sumando a eso está el hecho de que si bien al hombre y a la mujer les puede costar responder, es una norma general en nuestra cultura que el hombre sea recompensado por eso y la mujer a menudo resulte rebajada. Muchas mujeres necesitan desarrollar la habilidad de responder: la capacidad de presentar un punto de vista alternativo, desafiar el status quo y hacer oír su propia voz única. Contestar de manera efectiva no requiere que un líder sea enérgico, ofensivo, hostil o controlador. Más bien, una mujer líder debe desarrollar su capacidad para responder basándose en un núcleo interno de valores y creencias firmemente sostenidos, así como a partir de una disposición a enfrentar sus miedos e incluso aprovechar el enojo para expresarse con claridad, lógica y pasión.

Casi siempre he trabajado con hombres que parecen ser muy claros en cuanto a lo que piensan y expresan sus puntos de vista con fortaleza y convicción. Su osadía transmite tanta autoridad que es fácil escuchar lo que dicen y pensar: «Bueno, deben estar en lo cierto si se muestran tan firmes en eso».

Siempre me sorprendía más tarde cuando a la larga ese líder admitía estar equivocado. Aprender que aun los mejores líderes no tienen razón el ciento por ciento de las veces ha sido una realidad instructiva que me enseña que debo pelear más por lo que pienso, lo que creo y los momentos en que debo ser lo suficiente valiente para contestar. Esto puede ser aterrador. Aun así, responder es un instrumento absolutamente esencial en la caja de herramienta de un líder. Hace al menos tres años me vi involucrada en una situación en la que tenía que responder. Estábamos en medio de una enorme transición en la iglesia, lo que implicaba una reorganización de muchos departamentos, incluso del ministerio de artes escénicas. No estaba ciega ante el hecho de que necesitábamos hacer algunos cambios, pero cuando los líderes de la iglesia revelaron una nueva estructura organizacional para mi departamento, supe que no estaba de acuerdo con sus decisiones. Además, no soportaba la forma en que estos cambios se llevarían a cabo y cómo serían tratados algunos de los individuos con los que había trabajado durante mucho tiempo.

Recuerdo como si fuera hoy una reunión en la que se les presentó el proyecto a los miembros clave del equipo y lo angustiada que me sentí al pensar que debía expresar mi firme oposición. Era como si la gran ola del cambio estuviera ya tan avanzada que mi pequeño susurro de protesta no tendría esperanzas de ser escuchado ni respetado. En esa reunión, y también en los encuentros personales que tuvieron lugar durante los meses siguientes, intenté expresar mis inquietudes con honestidad, pasión, dignidad y objetividad. Sin embargo, todo fue en vano. A veces mis emociones se roban lo mejor de mí y mis palabras carecen de la fortaleza que da la evidencia y un punto de vista bien desarrollado. En ocasiones me derrumbo ante el poder de persuasión de otras voces, sabiendo que no soy capaz de competir al mismo nivel. En un momento, me arriesgué a expresar mi enojo y tuve tanto miedo por la fuerte respuesta que recibí que abandoné la sala sintiéndome aun más enojada y derrotada.

Hay veces en que todo líder necesita revelar otro punto de vista, incluso si eso significa ser parte de la minoría y se siente de algún modo aislado y distinto.

Al mirar hacia atrás a esa época de mi liderazgo, me arrepiento de la debilidad de mis habilidades para hablar. Pensaba que no tenía poder, que no tenía oportunidad ni esperanza de voltear la ola y detener los cambios antes de que fuera demasiado tarde. Y la verdad es que, aun si hubiera tenido mejores habilidades, el resultado habría sido el mismo. Todavía no estaba bien preparada como líder para los momentos decisivos en que mi voz necesitaba ser más fuerte, más sabia, un llamado audible que al menos exigiera una respuesta de respeto y el derecho a ser plenamente escuchada.

Hay veces en que todo líder necesita revelar otro punto de vista, incluso si eso significa ser parte de la minoría y se siente de algún modo aislado y distinto. Volviendo una vez más a las sabias palabras de Jane Stephens:

La verdadera voz es la experiencia de hablar y *no* marcharse. De decir lo que sabemos y sentimos que es verdad de punta a cabo, permaneciendo firme en ello. De sentirnos fuertes mientras resistimos y escuchamos las palabras y las opiniones de réplica entretanto nos mantenemos firmes en nuestra propia voz[12].

Mientras más a menudo nos arriesguemos a permanecer «firmes en nuestra propia voz», aun en los pequeños encuentros con una persona o un equipo, más probable es que seamos capaces de mantenernos firmes en las cuestiones más importantes. Todo esto necesita práctica a diario, y ninguno de nosotros lo hace bien de la noche a la mañana. No obstante, en realidad podemos mejorar.

¿Cuál es tu habilidad para responder? ¿Encontraste tu voz en medio de las reuniones o los encuentros personales? ¿Te sientes capaz de disentir? ¿Puedes desafiar otro punto de vista con fortaleza interna y una clara explicación de tu perspectiva? Si todavía necesitas trabajar en esos músculos necesarios para contestar, te animo a que al igual que yo enfrentes todos los miedos que se te interpongan en el camino. Quizás se trate de la posibilidad de que no le agrades a nadie, te encuentres con un argumento aun más firme, o no seas capaz de persuadir a otros. Ninguno de estos resultados es tan terrible como temernos que sean. Mientras más nos dediquemos a aprovechar las oportunidades, más descubriremos que el mundo no se acaba cuando hablamos y que en realidad podemos seguir adelante. El autor y asesor de negocios Patrick Lencioni enseña que todo equipo saludable sabe cómo pelear limpio, dar lugar a una variedad de puntos de vista, disentir y aun así tratar a los demás bien. Estas habilidades son raras, en especial dentro de los círculos cristianos y por lo general —lamento tener que admitirlo— para las mujeres que se encuentran dentro de esos círculos de liderazgo. Deseo saber responder mejor, más a menudo y sin tanto miedo. Y espero que tú también.

A medida que progresamos en nuestra capacidad para escuchar con atención, hacer preguntas perspicaces, aprovechar los momentos cruciales y responder, aumentará el grado de influencia que tenemos con las personas y los equipos. Siempre estamos comunicándonos. La cuestión es con cuánta eficacia lo estamos haciendo.

¡Y entonces me pidieron que enseñara!

En los comienzos de nuestra iglesia, cuando nos reuníamos en un cine de la zona, de vez en cuando leía las Escrituras en el culto del domingo por la mañana, hacía algunos comentarios a modo de introducción, o daba los anuncios. También comencé a enseñar en algunos talleres durante las conferencias de capacitación que organizábamos para otras iglesias. Esas experiencias todavía distaban mucho de dar un mensaje un domingo por la mañana. Así que me quedé sorprendida cuando Bill un día me llamó a su oficina y me preguntó si estaría dispuesta a dar el mensaje el Día de las Madres. Hasta ese momento no había ninguna mujer que enseñara con regularidad en nuestra iglesia. En realidad, la brevísima lista de oradoras hasta ese momento incluía a Jill Briscoe y a la hermana del antiguo presidente Jimmy Carter.

En mi mente se agolpaban miles de dudas a medida que intentaba resolver cómo responder. Poseo expectativas sumamente altas en cuanto a la enseñanza, ya que siempre estuve rodeada de excelentes oradores. Aun no sabía si Dios me había confiado el don de la enseñanza, y en caso de que lo hubiera hecho, si podría desarrollar ese don al nivel requerido y esperado en mi iglesia. También me daba cuenta de que no era una experta en lo relacionado con ser madre, ya que había sido mamá apenas durante cuatro años. ¿Estarían dispuestas las mamás más experimentadas a escuchar a esta novata? ¿Y cómo respondería la congregación ante el hecho de que una mujer enseñara? ¿Estaba lista la iglesia para dar este paso? Pese a todas estas inquietudes, una vocecita en mi interior me animaba a correr el riesgo y aceptar el desafío. Por lo tanto, emprendí mi trayectoria como educadora, lo que finalmente me llevó a formar parte del equipo pastoral y ocupar el puesto de pastora a cargo de la enseñanza.

Descubrir que me había sido confiado el don de la enseñanza no debería haberme escandalizado. Ahora veo que Dios me estuvo preparando para utilizar ese don gracias a la excelente capacitación que recibí cuando competía con nuestro equipo de oratoria de la secundaria. Con mucha sabiduría, Bill poco a poco me había estado presentando a la congregación durante un largo período a través de pequeñas oportunidades para expresarme. La gente en la iglesia ya sentía que me conocía, y creo que confiaba en mí como persona y seguidora de Cristo.

Aun así, como sucede con cualquier otro potencial educador, un tiempo de experimentación comenzó a revelarme si mi don

Cómo encontrar tu voz

de enseñanza sería o no efectivo. La prueba más evidente de si alguien tiene un don de enseñanza o no, tiene lugar cuando el orador puede ver la respuesta de los oyentes. ¿Prestan atención cuando hablas? ¿Entienden las verdades y luego las ponen en práctica? Y quizás lo más evidente, ¿asisten cuando te toca enseñar de nuevo y parecen querer más?

Reconozco que muchos cristianos todavía no comparten la idea de que una mujer predicadora sea algo aceptable según las Escrituras y la tradición (mi madre prefiere decirle a la gente que soy una *maestra*, no una *predicadora*). Cuando comencé a enseñar, hubo personas dentro de la congregación que lucharon con sus propias creencias en cuanto al asunto, se reunieron con los ancianos, y en algunos casos terminaron dejando la iglesia y buscando un lugar donde sus ideas fueran apoyadas. Bill y los ancianos me protegieron de la mayoría de estas charlas, pero yo sabía que había controversia por mi presencia en el púlpito.

Y entonces, esa mañana brillante de mayo, caminé hacia la plataforma con las piernas temblando (mis amigos del equipo de producción que se sentaban en la primera fila me dijeron que podían ver el tembleque a través de mis pantalones). Mi voz temblaba todavía más. Tuve que hacer todo tipo de monólogo interior para perseverar a través de esa primera experiencia como educadora. Hasta me decía que todas esas personas que me escuchaban estaban a mi favor, no contra mí, que una gran mayoría de la gente sufre de pánico escénico, que Dios por medio de su Espíritu Santo me había dado un mensaje para transmitir y me daría poder, y que lo único que podía esperar era dar lo mejor de mí. Entendí que parte de mi desafío estaba en no compararme con otros maestros, sabiendo que con los años había desarrollado una escala de valores muy altos al tener en cuenta la calidad de los oradores de los que había tenido el privilegio de aprender.

> *Tuve que aprender lo que era ser plenamente yo, sentirme a gusto conmigo misma, y estar dispuesta a expresarme con autenticidad como una mujer de fe.*

Mis modelos en la iglesia de lo que es una enseñanza magnífica casi siempre fueron todos hombres: Bill Hybels, John Ortberg, Andy Stanley, Erwin McManus, Donald Miller, Harvey Carey, Wayne Cordeiro. ¿Cómo podía encontrar mi propia voz y no ceder a imitar a esos hombres que tanto respetaba? Con seguridad tenía que aprender de estos modelos sin de alguna manera intentar clonarme para ser igual a ellos. Una vez más tuve que aprender lo que era ser plenamente yo, sentirme a gusto conmigo misma, y estar dispuesta a expresarme con autenticidad como una mujer de fe.

Tal como cualquiera a quien le haya sido confiado el don de la enseñanza, me doy cuenta de que puedo y debo mejorar (por medio de la experiencia, escuchando a excelentes oradores, recibiendo comentarios de profesores y oyentes perspicaces, y aprovechando cualquier oportunidad para recibir más capacitación). Sin embargo, mi desafío más grande como maestra se centra en forjar mi voz única mientras aprendo lo que significa escuchar a mi propia vida y el susurro de Dios.

Escuchar a mi propia vida

Los mejores oradores que conozco practican el arte de prestarle atención a su vida, a todos los momentos y experiencias diarias que sirven para enseñarnos, recordarnos la santa presencia de Dios, y proporcionar las bases a fin de contar historias que les permitan conectarse e identificarse con otros. Durante años, he sido sorprendida por el desafío que propone el autor y pastor Frederick Buechner con relación a prestar atención, que incluye estas palabras de su libro *Now and Then* [Ahora y entonces]:

> Llevar los hijos a la escuela y darle a tu esposa un beso de despedida. Almorzar con un amigo. Intentar llevar un día laboral aceptable. Escuchar la lluvia golpeando contra la ventana. No hay suceso tan común, sino que Dios está presente, siempre escondido, siempre dando lugar a que lo reconozcas o no, siendo mucho más fascinante por todo eso, mucho más irresistible e inquietante [...] Si tuviera que resumir en unas palabras la esencia de todo lo que estuve intentando decir como predicador y novelista, sería algo como esto: Escucha a tu vida. Contémplala por el indescifrable misterio que es. En el aburrimiento y el dolor no menos que en el entusiasmo y la alegría: acaricia, saborea, huele tu camino al santo y oculto corazón de la vida, porque en el análisis final, todos los momentos son momentos clave y la vida en sí es gracia[13]

A menos que escuche a mi vida, no tengo esperanza de desarrollar mi voz única y auténtica. Es en lo cotidiano (como hija, amiga, esposa, madre, vecina, empleada e hija de Dios) que escucho los susurros del Espíritu, reconozco las luchas y tentaciones comunes a todo ser humano, y entablo conexiones que Dios puede usar para traer vida y comprensión a las vidas de otros.

La comunicación se trata de establecer una conexión. Todos hemos escuchado mensajes de personas que pueden ser terriblemente inteligentes, estar llenas de información fascinante y no tan fascinante, y que aun así fallan en construir un puente que nos acerque y se identifique con nuestro andar. Por supuesto, esto habla del extraordinario poder de las historias. Los mensajes que establecen una conexión son esos que con más frecuencia están basados en historias dichas con honestidad, habilidad, calidez y a veces humor. Historias que logran que el oyente diga: «Sí, entiendo, he estado en el mismo lugar».

Cuando me encuentro con alguien de la iglesia por primera vez, a menudo comentan sobre alguno de mis mensajes... y casi siempre son las historias lo que recuerdan. Una vez estaba enseñando sobre la paciencia y conté una historia sobre mi intranquilidad durante la época en que Johanna, mi hija menor, perdía a cada rato su aparato de ortodoncia removible. Cuando regresamos de la iglesia un domingo por la noche, Jo se me acercó con sus grandes ojos azules llenos de temor y me dijo que otra vez había perdido su aparato. Pensaba que tal vez se le había caído cuando subimos al auto para regresar a casa de la iglesia. Genial. El estacionamiento de nuestra iglesia es enorme (de casi cuatro mil lugares) y ya había oscurecido. Era absurdo por completo pensar que tendríamos la suerte de encontrar este pequeño y costoso pedazo de plástico dental.

Si enseñas y predicas, no intentes ser alguien que no eres.

Con mucha irritación en mi voz, le dije a Johanna que subiera al auto a fin de ir a la iglesia, lo que probablemente iba a ser inútil y ridículo. Más tarde, Johanna me contó que había estado orando en silencio mientas íbamos camino al estacionamiento para que de alguna manera pudiéramos hallar su aparato. (Mi hija es mucho más espiritual que yo... ¡ella oraba mientras yo estaba que echaba humo!)

Cuando llegamos, la mayoría de los autos se habían ido y de algún modo recordé aproximadamente dónde habíamos estacionado, lo que es muy raro en mí. Imagina mi asombro cuando vi que algo brillaba sobre el concreto a la debilitada luz del sol. Acerqué el auto, abrí la puerta, y allí estaba. El milagro del aparato de ortodoncia encontrado. Una sonrisa amplia apareció en el rostro de Johanna, y entonces me contó de su oración. Humillada por la fe de mi hija y la evidente falta de la mía, le entregué el aparato y regresamos a casa.

Unos cuantos años después, la gente todavía recuerda aquella historia. Quizás no recuerden mucho más de lo que enseñé en ese mensaje sobre la paciencia, pero sí se acuerdan de cada uno de los detalles del pequeño milagro. Cuando abrimos nuestras vidas y contamos una historia, siempre y cuando sea pertinente y tengamos el permiso de los otros personajes, la audiencia se sentirá conectada con nosotros. Estoy descubriendo que las personas de nuestra congregación (aun aquellas que nunca conocí) sienten como si me conocieran a mí y a mi familia por las historias que les cuento de los sucesos ordinarios de nuestra vida.

Como oradora, es muy importante que le preste atención a mi vida (desde mi perspectiva femenina) y cuente las historias que son exclusivamente mías. Mis historias no serán acerca de regatas como las de Bill Hybels ni de camiones como las de Mike Breaux, tampoco sobre surf como las de John Ortberg ni de llevar a las personas a Cristo en un avión como las de mi amigo Lee Strobel. Les contaré mis propias historias que suceden en mi clase de Pilates, en el club de lectores, en el gimnasio viendo cómo juega mi hija al baloncesto y en los restaurantes con mi esposo.

Mientras le presto atención a mi vida y cuento mis historias, surge una voz. Es mi voz y se conecta con la gente de maneras en que las voces de otros no pueden hacerlo. Si bien puede que no crea que valga la pena mencionar los momentos diarios de mi vida, la verdad es que mis oyentes se parecen mucho más a mí de lo que creo. En realidad, tengo un gran potencial para conectarme simplemente porque mi vida es bastante común, pero también espectacular al mismo tiempo cuando la miro a la luz de la presencia y el poder de Dios. El educador y autor Parker Palmer dice que un buen maestro debe pararse en la vulnerable superposición entre la vida pública y la privada «haciéndole frente a la ensordecedora circulación de tráfico en una intersección donde "tejer una red de conectividad" se parece más a cruzar una autopista a pie»[14]. Debemos tener el valor de pararnos en esa intersección y permitir que nuestras vidas sean expuestas, compartiendo lo que hay en nuestro interior.

Cómo encontrar tu voz

Si enseñas y predicas, no intentes ser alguien que no eres. No imites el estilo, la voz y las historias de otros en un intento de ser aceptado. Confía en que Dios te ha dado una voz que necesita ser escuchada e historias que establecerán una conexión si las cuentas con un espíritu de descubrimiento, franqueza y reflexión en la verdad eterna. Todos nosotros estamos contando la historia más importante de todas: la historia de la redención por medio de la persona de Jesucristo. A medida que comunicamos las verdades de las Escrituras, aplicamos esa verdad a través del prisma de nuestra propia experiencia y el Espíritu Santo lleva a cabo la obra transformadora en la mente y el corazón de los que oyen. Préstale atención a cualquier momento posible en tus experiencias de todos los días de modo que puedas ser una mujer que examine su alma y Dios te utilice para impartir vida a otros.

Escuchar a Dios

A menudo me enfado cuando me entero de que algunas personas cuestionan si Dios todavía hace milagros asombrosos hoy, porque uno de los ejemplos más increíbles del poder sobrenatural que conozco tiene lugar cada vez que un seguidor de Cristo se dispone a guardar silencio y escucha la quieta y suave voz de nuestro Creador. Cuando acepto hablar en nuestra iglesia o una conferencia, es esencial que haga tiempo y espacio para escuchar esa quieta y dulce voz a fin de discernir por el poder del Espíritu lo que Dios desea que comunique. La mayoría de las veces, mi trabajo empieza con un estudio de las Escrituras, con cualquier verdad que se me pida explorar y profundizar. A medida que escuchamos, Dios utiliza su Palabra, junto con las experiencias de la vida diaria, para guiarnos y darle forma a lo que necesite ser expuesto ante la audiencia. Y el solo hecho de que Dios aún le hable hoy a cualquiera que esté dispuesto a escuchar, ya sea que estemos tomando una ducha, conduciendo un auto, caminando por el vecindario o sentados en una cafetería, en verdad me asombra. Para mí eso es un milagro.

En el trajín de la vida diaria, cualquier líder llamado a dar un mensaje debe estar dedicado a la disciplina de la soledad.

En el trajín de la vida diaria, cualquier líder llamado a dar un mensaje debe estar dedicado a la disciplina de la soledad. No podemos escuchar la voz de Dios en el barullo del día si está lleno de ruidos, apuros, distracciones e interrupciones. También creo que mi tiempo para la preparación del mensaje y la enseñanza merece las mejores horas de mi día, lo que en mi caso significa la mañana. Bajo la tutela de otros líderes, aprendí a ser celosa y proteger de otras reuniones y obligaciones tantas mañanas como pueda. La mayoría de ellas, pueden encontrarme en Panera Bread o Caribou Coffee, sentada con mi taza de té y mi computadora. En este momento de soledad, trato de darle lugar al Espíritu Santo para que penetre en mis pensamientos, le proporcione claridad a mi estudio y me ayude a esbozar e ilustrar un mensaje.

Al escribir su carta a la iglesia en Corinto, el apóstol Pablo revela el misterio de cómo Dios habla a través de su pueblo: «Esto es precisamente de lo que hablamos, no con las palabras que enseña la sabiduría humana sino con las que enseña el Espíritu, de modo que expresamos verdades espirituales en términos espirituales» (1 Corintios 2:13). Nunca podré entender la maravilla de que Dios haya capacitado a hombres y mujeres para que sean su voz dirigida a una comunidad, para que articulen las eternas verdades de la Escritura y las apliquen a las realidades actuales con relevancia y autenticidad. Si tuviera que apoyarme en la sabiduría humana sin la unción del poder del Espíritu y las palabras que él me guía a hablar, sería simplemente una conferencista más, no una mensajera de Dios. Cuando estoy sola y en silencio, trato de recordar la santidad de la tarea sin angustiarme. Debemos recordar que Dios ama nuestras iglesias más de lo que nosotros las amamos, y que él desea que todo el servicio y el mensaje impacten a su pueblo y también se conecten con aquellos que aún no se han consagrado a él.

Asumimos la responsabilidad de escuchar para obtener orientación, crecer en cuanto a nuestra habilidad, ser diligentes en el estudio y la preparación, y entregar el mensaje con pasión y un espíritu libre. Luego le confiamos el resultado a aquel que en verdad puede trasformar las vidas. Si preparas mensajes para un equipo o congregación de forma regular, pregúntate si estás apartando el tiempo suficiente para escuchar a Dios. A medida que le prestes atención a su voz, el camino para encontrar tu propia voz te será mostrado.

Hace trece años que enseño de forma regular. A veces, he sido guiada a traer una palabra de aliento, a inspirar a la gente para que aproveche el día y viva la mejor vida posible. En otros mensajes, se me ha pedido que desafíe a la congregación, que diga verdades que requieren que profundicemos en las Escrituras y nos esforcemos por aplicarlas a nuestra experiencia diaria. He enseñado tanto del Antiguo como del Nuevo Testamento, siempre abarcando más en mi estudio y preparación de lo que probablemente lo hagan aquellos que me escuchan. Un aspecto de mi rol como oradora en la iglesia surgió poco a poco con el tiempo y me ha sorprendido. Esta es la capacidad que Jane Stephens llama «el poder de la bendición». Observé al rol tan trascendental que desempeña la bendición manifestarse en su forma más vívida durante el fin de semana después de los terribles sucesos del 11 de septiembre de 2001.

La tarde del trágico martes cuando los Estados Unidos eran un caos como consecuencia de los ataques terroristas al *World Trade Center*, nuestro equipo de liderazgo se reunió en la oficina de Bill. Entendimos, como los líderes de la iglesia a lo largo de todo el país, que lo que fuera que hubiéramos planeado para el domingo siguiente tendría que cancelarse. Necesitábamos preparar con mucha oración todo un nuevo servicio a fin de ayudar con el dolor, la confusión, la ansiedad y la extrema pérdida que experimentaba la comunidad.

Además de las evidentes decisiones en cuanto al contenido de esos servicios clave, también nos hicimos la pregunta en cuanto a *quién*. ¿Quién de los equipos pastorales y de artes escénicas tendría que estar visible y presente para la congregación en este momento crítico? La primera y la más evidente respuesta era nuestro pastor principal; ese día Bill entregaría el mensaje fundamental. Sin embargo, casi igual de rápido, el equipo me miró y preguntó si estaría dispuesta a guiar un tiempo de oración y orientación espiritual. El consenso fue que la congregación también necesitaba escuchar mi voz.

Nuestra iglesia no fue la única que estuvo colmada aquel fin de semana de septiembre. Algunos autos se estacionaron a varias cuadras de la iglesia cuando el estacionamiento se llenó, y los tres servicios estuvieron repletos de asistentes. Cuando la tragedia golpeó, aun aquellos que vivían al margen de nuestra comunidad y muchos que en años no había cruzado el umbral de una iglesia se presentaron, porque la vida era insegura y el único lugar al que muchos pensaron acudir fue a Dios y la fe. Había un anhelo desesperado de esperanza y comunión, y una sabiduría alimentada por la profunda conciencia de que nada volvería a ser lo mismo, que nuestros cimientos como país habían sido sacudidos y eran mucho más frágiles de lo que pensábamos. Así que acudimos a la iglesia, buscando alguna forma de encontrarle sentido a todo esto, o al menos de hallar una pizca de consuelo estando juntos y elevando nuestras preguntas y oraciones.

Mientras ministraba esa mañana, expresando mi propio horror, guiando a la congregación a la presencia del soberano Dios, sin ocultar la confusión y el dolor que sentía, supe que era allí donde debía estar. Respiré hondo, describí con un corazón genuino el estado en que me encontraba y la condición en que sabía se hallaba la congregación, leí las eternas palabras de los Salmos a fin de cimentarnos en una perspectiva eterna, y elevé una auténtica oración con una voz que clamó a Dios pidiendo ayuda y refugio. Estos momentos fueron necesarios, tal como la canción de consuelo que siguió y el mensaje de Bill. Dios usó mi voz como una parte esencial de nuestro equipo y como un miembro clave de nuestra familia de la iglesia.

Sin tu voz, tu comunidad no brillará con tanta intensidad ni será tan saludable como puede ser.

En varias ocasiones, algunos miembros de la congregación me han comentado que me ven como la «mamá» de la iglesia. Admito que siento cierta incertidumbre en cuanto a ese título. Sin embargo, ser madre es un llamado noble y nuestro Dios se describe en las Escrituras como padre y madre de sus hijos. Otros amigos me han dicho: «Nancy, eres el *corazón* de la iglesia», describiendo a otros líderes como la *cabeza*. Si bien lucho con el estereotipo de que las mujeres son más expresivas con sus emociones y sentimientos, también reconozco el poder de ser una fuerza de consuelo, un conducto de vulnerabilidad y una voz para la libre expresión de los sentimientos y las necesidades, incluso la necesidad de ser reafirmado y bendecido. Cuando le ofrezco una bendición a nuestra congregación, cuando miro a los ojos de las personas y les recuerdo la vasta profundidad del amor que Dios siente por ellos, pues él los ama de una forma absoluta, cuando afirmo su valor, quedo intimidada ante ese privilegio santo. Me siento cada vez más cómoda con el hecho de ser una especie de madre en nuestra comunidad, ya que después de todo eso es gran parte de lo que soy y lo que Dios me llamó a ser.

Aún sigo encontrando, formando y aprendiendo a expresar mi voz. La iglesia necesita con desesperación las voces de más mujeres líderes, tanto en los pequeños contextos donde podemos aclarar la visión e inspirar a los equipos, como en las reuniones más grandes cuando damos talleres o entregamos el mensaje del domingo a la mañana. Cualquiera sea el lugar donde te encuentres dando un mensaje, dedícate a descubrir tu propia y única voz, y luego permite que la misma sea escuchada. Necesitamos que seas auténtica, cuentes tus historias, nos bendigas con tu perspectiva, nos eleves más alto, nos consueles y desafíes, nos identifiques y conectes, nos reveles, inspires y ennoblezcas. Sin tu voz, tu comunidad no brillará con tanta intensidad ni será tan saludable como puede ser. Préstale atención a tu vida, escucha a tu Dios, y luego habla las palabras que revelan a la oradora especial que Dios quiso que fueras.

Una nota rápida antes de que leas el capítulo siete

Estamos a punto de dar un rodeo, uno que puede sentirse como una desviación abrupta de la senda que hemos estado siguiendo hasta este punto. Sin embargo, he aquí por qué considero que hacer esto es importante. Cuando comencé a escribir este libro, imaginé que mis lectores podían ser tanto hombres como mujeres. Todas mis enseñanzas en el transcurso de los años han estado dirigidas a las personas de ambos sexos, de modo que tal enfoque era lo que resultaba más natural para mí. No obstante, para mi sorpresa, mientras más profundizaba en cada capítulo, más me descubrí a mí misma orientándome fundamentalmente a los asuntos y necesidades exclusivas de las mujeres involucradas en el liderazgo. Como resultado, cada capítulo terminó siendo mucho más personal y enfocado en las mujeres de lo que había imaginado al principio. Este cambió me confrontó con un dilema: ¿cómo podía encontrar una forma de hacerles solicitudes claras y audaces a los líderes varones de la iglesia si ellos no eran mis lectores principales?

Así que decidí escribir el capítulo siete, el cual está dirigido directamente a los pastores y líderes varones de la iglesia. Por supuesto, muchos de estos líderes no sabrán acerca del capítulo a menos que alguien los alerte. Consideré pedirle a mi editor que perforara las páginas de modo que pudieras arrancarlas y dárselas a los líderes principales de tu comunidad. No llegamos tan lejos, pero con seguridad has captado la idea. Sería maravilloso si los hombres pudieran leer o al menos mirar por encima el libro completo a fin de obtener una perspectiva del gran cuadro, así como de los retos que enfrentan las mujeres líderes. Sin embargo, en caso de que esto no suceda, por favor, anima a los hombres que conoces a leer el capítulo siete. Mi esperanza es que esta carta pueda abrir algunas puertas para el diálogo y el progreso. Y dicho sea de paso, tú también debes leerlo.

Siete

Carta abierta a los pastores y líderes varones de la iglesia

Querido pastor o líder de la iglesia:
Imagino que una mujer te entregó este libro y te dijo: «No te voy a pedir que lo leas entero. Sin embargo, ¿estarías dispuesto a leer el capítulo siete? Fue escrito para ti». Así que a pesar de que tengas montones de cosas que leer y puedas incluso dudar en cuanto a aceptar un libro como este, al menos llegaste hasta esta oración. Y te lo agradezco. Estos minutos que le has dedicado al tema de la mujer en el liderazgo de la iglesia son un testimonio de tu disposición y voluntad. Valoro tu tiempo, de modo que haré mi mayor esfuerzo para ir directo al grano.

Escribo en nombre de las mujeres de todo el planeta que aman a Jesucristo y recibieron el don del liderazgo y la enseñanza. Escribo en nombre de las mujeres líderes de tu iglesia, aquellas que conoces y las que aún no han surgido o no han salido de su escondite. Lo que tengo que decir está basado no solo en mi experiencia personal, sino también en incontables conversaciones con mujeres que aspiran a desempeñar un papel importante en la iglesia, mujeres que ya están liderando, o aquellas otras que se encuentran a un costado, preguntándose si existe un lugar para ellas. A pesar de que soy solo una voz, me acerco a ti con la confianza de que puedo hablar auténticamente por muchas mujeres que quieren colaborar en la iglesia con sus dones para el liderazgo y la enseñanza.

Tal vez ya encabeces la lista de hombres que quieren proporcionarles oportunidades positivas y un apoyo importante a las mujeres líderes y maestras. Si ese es el caso, mis palabras simplemente enfatizarán mucho de lo que ya estás haciendo y tal vez suscitarán otros pensamientos en los cuales reflexionar. O quizás admitas tener inquietudes y opiniones reservadas sobre el rol de la mujer en el liderazgo de la iglesia. Si es así, te pido que leas esta carta con una mente y un espíritu dispuestos.

Una vez que hayas elegido un punto de vista sobre las mujeres en el liderazgo, te animo a que mantengas esa perspectiva con un espíritu de humildad y franqueza. Craig Blomberg, uno de los colaboradores complementarios del libro *Two Views on Women in Ministry* [Dos puntos de vista sobre la mujer en el ministerio], nos exhorta con estas palabras:

> Todos los que hablamos y escribimos sobre los roles de cada sexo haríamos bien en empezar y terminar cada discurso con las advertencias: «Podría estar equivocado» y «Respeto el derecho de los hermanos evangélicos y las iglesias evangélicas hermanas a llegar a conclusiones distintas, y cooperaré con ellos en vez de luchar en su contra por la gran causa de Cristo y su reino, que con tanta urgencia necesita tal unidad»[15].

Que todos nosotros podamos mostrar semejante espíritu de bondad y respeto en cuanto a este asunto, el cual puede degenerar con mucha facilidad en división y rencor. Por el bien del reino, debemos ser muy cuidadosos con nuestras palabras y actitudes.

Deseo comenzar examinando qué te estoy desafiando a hacer, en un intento de ser sumamente específica con un llamado a la acción. Luego continuaré con una descripción de por qué esto es tan importante para tu congregación, tu comunidad, tu propio liderazgo y tu equipo pastoral, así como para la próxima generación.

Qué te estoy desafiando a hacer

Cuando se trate de pasos de acción específicos, te insto a asumir un reto triple: participar en el estudio diligente sobre el tema de las mujeres en el liderazgo de la iglesia, hacer de esto una cuestión candente, y ser el defensor más firme que pueda haber de las mujeres con dones para el liderazgo y la enseñanza.

Participar en el estudio diligente

Todos nosotros nos aferramos con fuerza a una imagen de lo que pensamos debería ser el rol correcto y bíblico de la mujer en la iglesia. Nuestra imagen está formada en gran parte por el entorno, la educación, las tradiciones de cualquiera de las iglesias o denominaciones en que hemos participado, así como por las experiencias personales de las mujeres en el liderazgo. Por útiles que puedan ser estas influencias, son incompletas en sí mismas. Lamentablemente, existen demasiados líderes que aún tienen que realizar su propio estudio personal y no están capacitados a fin de articular de forma inteligente y clara las bases para su posición. Esta debilidad incluye a ambos, aquellos que se inclinan hacia una visión complementaria (roles en el ministerio diferenciados por el sexo), así como a aquellos que se aferran a una visión igualitaria (oportunidades idénticas en el ministerio para ambos sexos). Quizás seas una excepción, pero la mayoría de los líderes con los que me encuentro, hombres y mujeres, no han hecho la tarea requerida para avanzar a través de los pasajes bíblicos difíciles. Como resultado, cuando se enfrentan a preguntas sagaces, no pueden brindarles a sus congregaciones o a otras personas una respuesta razonable y completa. Se apoyan en respuestas incompletas o trilladas que no satisfacen y carecen de la profundidad necesaria en un tema tan importante.

Por lo tanto, te pregunto: ¿Con cuánta diligencia estudiaste? ¿Leíste libros que presentan una variedad de puntos de vista? ¿Luchaste honestamente con el contexto y los antecedentes de todos los pasajes bíblicos difíciles? ¿Eres capaz de defender tu posición con solidez, o aceptas a falta de algo más el modo en que son las cosas en tu iglesia o denominación?

En el apéndice 1 (página 173), propongo una lista de varios libros que pueden representar un punto de partida para tu estudio. Te animo a que apartes el tiempo para este tipo de estudio y abordes tu investigación con una mente lo más abierta posible, como si estuvieras comenzado de cero, dejando a un lado preconceptos e interpretaciones previas. Mejor aún, considera la posibilidad de reunir a un pequeño equipo de líderes de tu iglesia, incluyendo a algunos o todos los ancianos, e invítalos a participar juntos en un estudio honesto y profundo.

Considera la posibilidad de reunir a un pequeño equipo de líderes de tu iglesia, incluyendo a algunos o todos los ancianos, e invítalos a participar juntos en un estudio honesto y profundo.

En los primeros años de nuestra iglesia, eso es precisamente lo que hicieron los ancianos. Por supuesto, al ser una iglesia sin denominación, sin duda teníamos la libertad de empezar de cero y luchar con la cuestión hasta obtener un consenso. Durante varios meses, nuestros ancianos buscaron, estudiaron y dialogaron sobre lo que estaban aprendiendo. Más allá de a qué conclusión llegaron al final del día, siempre estaré agradecida por su diligencia. Ellos se ganaron el respeto de nuestra congregación, incluso de aquellos que no estaban de acuerdo con el documento resultante que especificaba su posición (incluido en la página 193 del apéndice 3). Nadie podría decir que pasaron por alto la cuestión.

> *Te pido que pongas en primer lugar el tema de las mujeres en el liderazgo dentro de tu lista de inquietudes.*

Pastores y líderes de iglesias, por favor, comprométanse a llevar a cabo un estudio diligente. Reconozco que la lectura de algunos libros y comentarios puede hacer que una persona se sienta más confundida, porque el tema es muy complejo y aquellos que sostienen con firmeza un punto de vista son bastante convincentes al presentar sus argumentos. Sin embargo, debemos estar dispuestos a manejar la disonancia y perseverar en el trabajo, y necesitamos considerarlo una prioridad.

Hacer de esto una cuestión candente

Mi experiencia en el equipo de liderazgo principal de una iglesia en crecimiento me permitió conocer de primera mano la variedad de cuestiones con las que los líderes de la iglesia tratan a diario, así que entiendo cómo esas múltiples cuestiones compiten por ocupar el primer lugar en nuestra atención. Sabemos que no podemos ni debemos colocar demasiados asuntos en primera línea, por lo que necesitamos de la oración para elegir las cuestiones que serían más importantes en la vida de nuestra iglesia durante un período dado. Por supuesto, cada líder en el equipo tenía opiniones sólidas sobre cuáles deberían ser los asuntos prioritarios, y las defendieron con vehemencia mientras participábamos en debates apasionados y animados. Fueron unos debates saludables y disfruté a fondo de los a veces tensos intercambios, ya que indicaban lo mucho que esto nos importaba.

Carta abierta a los pastores y líderes varones de la iglesia

Mi sensación es que en este momento tienes en tu iglesia por lo menos *una docena de asuntos muy importantes*; cuestiones que piden a gritos tu atención y son en verdad críticas para la salud, la vitalidad y la efectividad de tu comunidad. Sin embargo, te pido que pongas en primer lugar el tema de las mujeres en el liderazgo dentro de tu lista de inquietudes. La participación de las mujeres en el liderazgo es uno de esos temas —junto con la multiculturalidad y la diversidad de razas— que podemos hacer con mucha facilidad a un lado, dudando durante meses si debemos darle un vistazo y esperando en lo secreto poder pasarlo por alto, ya que sabemos lo confusa y compleja que será la tarea. Rara vez vemos estas cuestiones como algo urgente a la luz de todas las otras aparentes emergencias que agitan la bandera llamando nuestra atención.

Y no obstante, esta cuestión es más urgente de lo que pueda parecer en la superficie y el interés para que se haga bien es sumamente alto. En una conversación reciente, el autor y pastor principal John Ortberg declaró: «La credibilidad del evangelio sufrirá cada vez más daños si la iglesia se convierte en el único lugar en la sociedad donde hombres y mujeres no puedan servir juntos como coportadores por igual de la imagen de Dios». Ya sea que estés o no de acuerdo con esta afirmación ahora, la cuestión demanda que todos los líderes de la iglesia participen de forma activa en la búsqueda de una guía inteligente y dirigida por el Espíritu en cuanto a los principios fundamentales involucrados. No debemos ser apáticos ante una cuestión tan vital.

Una forma de aumentar el grado de urgencia es invirtiendo algo de tiempo de forma intencional en escuchar a las mujeres de la congregación. ¿Por qué no invitar a algunas mujeres con dones de liderazgo, ya sea individualmente o en un grupo pequeño, a almorzar o reunirse en tu oficina? Se necesita mucho valor para ser francos y hablar de estos temas con las personas más afectadas por tus decisiones. No obstante, si estás dispuesto a hacer algunas preguntas específicas y escuchar con sinceridad, las mujeres

> «*La credibilidad del evangelio sufrirá cada vez más daños si la iglesia se convierte en el único lugar en la sociedad donde hombres y mujeres no puedan servir juntos como coportadores por igual de la imagen de Dios*».

líderes sentirán que en verdad importan como para que alguien de tu nivel investigue y busque comprenderlas mejor.

Si estás dispuesto a dar este valiente paso, aquí tienes algunas preguntas que podrías considerar hacerles a las mujeres con las que te reúnas:

- ¿Qué tipo de oportunidades te dieron para liderar en nuestra iglesia? ¿Se ajustaron esas oportunidades a tus intereses y pasiones?
- Cuando se trata de expresar tu punto de vista y colaborar en las decisiones estratégicas, ¿cuán segura te sientes formando equipo con los hombres en nuestra iglesia?
- Describe tu experiencia de la cultura de nuestra iglesia con respecto a las mujeres liderando y enseñando.
- ¿Qué tipo de limitaciones sentiste en nuestra iglesia con el uso de tus dones?
- ¿Hemos articulado con claridad nuestra posición con respecto a las mujeres en el liderazgo de una forma que tenga sentido para ti?
- ¿Dijeron alguna vez los maestros y oradores algo menos inclusivo de lo que debiera ser, o a veces incluso hiriente, aunque haya sido sin intención?
- ¿Qué otra cosa es importante que yo sepa?

Si haces estas preguntas, la próxima tarea es estar atento y escuchar las respuestas. Resiste la tentación de estar a la defensiva o caer en una discusión. Tu misión es descubrir la experiencia de estas mujeres para que puedas mostrar empatía y evaluar con precisión el estado de su realidad actual. Te garantizo que si estás dispuesto a dialogar con las mujeres de tu iglesia, tu propio sentido de la urgencia con respecto a esta cuestión del rol femenino se incrementará. Déjalas que se expresen y hablen con franqueza contigo. Podrías llegar a sorprenderte y tranquilizarte por lo que oigas, y en algunos casos, incluso a sentirte alentado. Sin embargo, nunca lo sabrás en realidad si no preguntas. Una vez que te hayas tomado el trabajo de escuchar, serás mucho más propenso a mostrarte como un defensor de las mujeres líderes de todas las maneras posibles.

Sé el defensor más firme que puedas para las mujeres con dones de liderazgo y enseñanza

No sé a dónde te llevará tu estudio y el diálogo con las mujeres líderes en cuanto a la postura de tu iglesia en este tema. No obstante, dondequiera que termines, lo más probable es que haya un montón de lugares donde puedas abrir puertas a fin de que las mujeres colaboren en roles de influencia, o bien permitir de forma pasiva que las cosas continúen de la manera en que siempre han estado. Aun si tu congregación decide no permitir que las mujeres sean pastoras o ancianas, hay un montón de áreas vitales de tu iglesia donde ellas pueden liderar... y no me refiero exclusivamente a los ministerios con los niños o las mujeres.

Si visitaras tu iglesia como alguien que nunca ha estado allí antes, ¿cuántas mujeres verías cumpliendo roles importantes? ¿Hay mujeres ujieres, que lean las Escrituras desde la plataforma, contribuyan de manera significativa en la alabanza y las expresiones de arte, guíen a la congregación en oración o den anuncios importantes? Piensa durante toda la semana en la vida de tu iglesia. ¿Hay roles disponibles para las mujeres en términos de capacitación para el discipulado, liderazgo estratégico en las diversas misiones de tu iglesia, u oportunidades para ellas en una variedad de ministerios a fin de tener una voz fuerte y formar equipos efectivos?

Lo cierto es que, como líder varón, tienes las llaves para la mayoría de los roles cruciales en tu iglesia, para la selección y el desarrollo de los voluntarios esenciales, y también para el modo en que se cubren los distintos roles dentro del cuerpo pastoral. ¿Cuántos de estos roles están disponibles de igual manera para hombres y mujeres? ¿Existen más tareas para las que intencionalmente podrías buscar candidatas con las cualidades necesarias? Además, dale un vistazo a la próxima generación de mujeres que está surgiendo dentro de tu iglesia y pregúntate desde una perspectiva objetiva si alguien está preocupado por desarrollar su potencial para el futuro. ¿Acaso percibirán las jóvenes en tu iglesia que hay lugares donde podrían expresar sus dones a plenitud, o es mucho más probable que se enfoquen en el mundo académico o empresarial?

Otra forma esencial en que puedes presentarte como un defensor es a través de tus comunicados públicos. Si enseñas en tu iglesia, examina el contenido de los anuncios, los mensajes, y en especial de las ilustraciones personales. ¿Con cuánta frecuencia conservas el valor y la dignidad de la mujer? ¿Utilizas una traducción de la Biblia que contenga una diferenciación precisa entre los sexos? ¿Qué clase de historias cuentas sobre las mujeres y con qué frecuencia las describes empleando estereotipos o un humor sutil que podría ser hiriente y desdeñoso? Si estás casado con un ama de casa a tiempo completo, ten cuidado de no suponer que esta es la experiencia de la mayoría de las mujeres que te escuchan, ni de considerar las elecciones de tu esposa como superiores a las de las mujeres que trabajan fuera del hogar (muchas de ellas dirían que no tienen otra alternativa). Pídele a una mujer en tu iglesia que trabaje en el mundo empresarial que cada cierto tiempo te transmita sus comentarios sobre tu enseñanza y qué impresión le dio lo que dijiste. Exígele que sea sincera contigo y luego aprende de sus respuestas. Escuchando a los educadores en mi propia iglesia y múltiples conferencias, he visto muchos «yerros» en las ilustraciones que usan, y estoy bastante segura de que los oradores no se percataron de los insultos que profirieron o las heridas que causaron. Préstale mucha atención a tus palabras en todos los contextos, pero en especial cuando estés en el púlpito, ya que tus palabras y tus perspectivas importan más de lo que crees mientras influyes en la mente y el corazón de hombres y mujeres, chicos y chicas.

Las mujeres líderes ofrecen una perspectiva, una voz, toda una experiencia que es esencial que ambos, hombres y mujeres vivan en la congregación.

Me doy cuenta de que estoy pidiendo mucho al sugerir que estudies con diligencia, hagas del asunto una cuestión prioritaria y seas un fuerte defensor de las mujeres. Todo esto te costará tiempo y lo más probable es que suscite la crítica de algunos de los miembros de tu congregación. También es posible que algunas personas se molesten tanto que abandonen tu iglesia y seas señalado de maneras que te harán sentir incómodo. Por lo tanto, la pregunta lógica que todos nos hacemos cuando evaluamos el costo es: «¿Por qué?». ¿En verdad este curso de acción valdrá la pena? Déjame intentar responder la pregunta de «por qué».

Carta abierta a los pastores y líderes varones de la iglesia

Por qué esto es tan importante

Cuando pienso en por qué te aconsejo que te involucres plenamente en esta cuestión y seas un factor de cambio, acuden a mi mente cuatro grupos de personas. Darle libertad a la mujer para que lidere y enseñe con mayor influencia y autoridad en tu iglesia es muy importante por el bien de tu congregación, tu comunidad local, tu propia persona y tu cuerpo pastoral, y tus hijas y otras mujeres jóvenes que están surgiendo.

Por el bien de tu congregación

Una iglesia local que se limita principalmente al liderazgo y las capacidades de expresión de los hombres pierde en muchos frentes. Las mujeres líderes ofrecen una perspectiva, una voz, toda una experiencia que es esencial que *ambos, hombres y mujeres*, vivan en la congregación. La mayoría de las iglesias presentan un porcentaje más alto de mujeres que de hombres. Y toda iglesia tendría que cerrar sus puertas mañana si no fuera por las mujeres que contribuyen durante toda la semana a los ministerios que se realizan. Cuando limitamos las oportunidades para todos de escuchar a las mujeres, beneficiarnos con sus historias, ser guiados por su sabiduría, formar equipos, descubrir dones, que nos ofrezcan su creatividad, aporten su pensamiento estratega y también su tremenda capacidad para escuchar, así como sus antecedentes para la inteligencia emocional y relacional... bueno, nos perdemos toneladas de beneficios. ¿Por qué querríamos hacer eso? Una congregación solo puede ser más fuerte cuando a sus mujeres se les conceda tanto poder como sea posible.

Me entristezco al pensar en algunas mujeres que conozco que, habiendo renunciado a producir un impacto positivo en la iglesia, invierten en otros ámbitos —académico, empresarial, organizaciones sin fines de lucro— sus dones de primera calidad. Esto no debería ser así. Muchísimas mujeres han comprobado la realidad de no tener un lugar significativo para expresarse en el ministerio, y sin embargo, les ha sido dada la oportunidad de liderar, crear, administrar, elaborar estrategias y enseñar en otros entornos. Su experiencia profesional o voluntaria durante la semana contrasta en extremo con las oportunidades limitadas que tienen en la iglesia los fines de semana. Mientras tanto, la mayoría de los equipos dentro de la iglesia están siempre en busca de líderes con las cualidades necesarias a fin de producir un impacto en todos los ámbitos ministeriales. Ignorar el aporte potencial de todo un sexo, en especial en la esfera del liderazgo, representa una pérdida enorme para el reino.

Cuando se trata de la enseñanza, tu iglesia también necesita el aporte de las mujeres más de lo que la mayoría de los líderes varones reconoce. Una vez pensé que las personas en la iglesia que más necesitaban escuchar y recibir el liderazgo de las mujeres eran otras mujeres, pero ahora lo veo de otra manera. Los hombres necesitan de igual forma a las mujeres para la plena formación del alma. Hace poco me encontraba en la fila de la concurrida cafetería del aeropuerto O'Hare buscando una ensalada para comer durante el largo vuelo, pues las aerolíneas ya no sirven alimentos. Un hombre que no reconocí se presentó como miembro de nuestra iglesia. Después de hablar un par de minutos, hizo una pausa, me miró a los ojos y dijo: «Sería negligente si no te agradeciera por una breve charla que tuvimos hace un año después que diste un mensaje un domingo a la mañana. Probablemente no te acuerdes, pero provocaste un gran impacto en mí ese día».

Los hombres necesitan la bendición y la guía de las mujeres líderes tanto como necesitan estos dones de otros hombres.

Me sentí mal por no recordar la conversación y le pedí disculpas.

Él continuó: «Tenía cierta inseguridad al pensar en el momento en que me encontraría con Dios en el cielo y le daría cuentas de mi vida. Sabía que era salvo, pero luchaba con la duda y los remordimientos. Ese día, nuestra conversación me dio una nueva dirección. Fue determinante para mí».

El vendedor detrás del mostrador le avisó que su licuado estaba listo. Antes de que se fuera, vi lágrimas en sus ojos. Algo muy poderoso había sucedido como resultado de nuestra conversación hacía más o menos un año atrás, y este hombre estaba expresándole su sencilla gratitud a uno de sus pastores.

Con más frecuencia de la que puedo relatar, los hombres me han dicho cuánto valoraron conocer mi perspectiva como maestra o recibir palabras apropiadas mientras los bautizaba, o el hecho de ser desafiados como padres o esposos por medio del mensaje de una mujer. Los hombres necesitan la bendición y la guía de las mujeres líderes tanto como necesitan estos dones de otros hombres. Así como las Escrituras describen a Dios con palabras que definen rasgos masculinos, también hay veces en que el carácter divino es representado con cualidades claramente femeninas, incluso maternales (Isaías 66:13; Mateo 23:37; Salmo 131:2). Todos necesitamos tanto lo paternal como lo maternal de Dios, y nuestras congregaciones reciben este maravilloso don a través de las voces y el liderazgo de hombres y mujeres.

Pastores y líderes, cada riesgo que corren por concederle a la mujer la libertad de liderar y hablar tiene el potencial de formar y ministrar de una forma más completa a los individuos de sus iglesias. ¿Abrirás la puerta para que eso suceda? Te garantizo que con el tiempo, tu iglesia será mucho más saludable, robusta y equilibrada, llena de personas que son más semejantes a Jesús porque han sido bien guiadas y enseñadas por hombres y mujeres rendidos a Dios.

Por el bien de los que no asisten a una iglesia dentro de tu comunidad

Junto con otras percepciones que sostienen las personas en tu comunidad local acerca de tu iglesia, es probable que también se pregunten sobre el rol de las mujeres y tu perspectiva en cuanto a la mujer en el liderazgo. Esta es una de las inquietudes candentes que cita el pastor y autor Dan Kimball, inquietudes que surgen cuando dialoga con los jóvenes y descubre las principales barreras que les impiden entrar a una iglesia, y lo que es más importante, seguir la fe cristiana. En su excelente y provocativo libro *Jesús les convence, pero la iglesia no*, Dan escribe: «Cuando la gente de afuera nos ve, piensa que somos un club de hombres y llega a la conclusión de que la iglesia enseña que las mujeres no son tan valoradas y respetadas como los hombres. Esta conclusión mantiene alejada a mucha gente que tal vez de otra manera confíe lo suficiente en la iglesia como para formar parte de nuestra comunidad»[16].

Cuando las personas que están lejos de Dios observan la política, el ámbito empresarial, las instituciones académicas y el negocio del entretenimiento, ven mujeres hábiles y fuertes que ejercen cada vez más influencia. Toda la subcultura de la iglesia parece fuera de moda y desconectada de lo que muchas de estas personas creen que es cierto con respecto a las habilidades, el potencial y las oportunidades necesarias para las mujeres. ¿Sentirán las personas que visiten tu iglesia que entraron en el túnel del tiempo al asistir a tus cultos, examinar las listas de los que componen el liderazgo y rascarse con incredulidad la cabeza ante la ausencia de líderes fuertes que sean mujeres? ¿Qué les estamos transmitiendo a las comunidades acerca del valor y el lugar de la mujer, y en particular, qué le estamos comunicando a la próxima generación, la cual es partidaria apasionada de la igualdad de oportunidades, sin que le importe el color de la piel, el entorno socioeconómico y el sexo? Aun si tu iglesia está ubicada en un lugar con una perspectiva bastante conservadora en cuanto a la participación de mujer en ciertos roles del liderazgo, existen todavía importantes maneras en que puedes conservar el valor de la mujer y crear tanto espacio como sea posible para que ellas puedan tener influencia. Si esperamos que se nos perciba como comunidades que se mantienen abiertas y en busca de la participación de aquellos que forman parte de la próxima generación, debemos prestarle atención a la cuestión de la mujer en el liderazgo. De otra manera, muchos nos descartarán y se mantendrán alejados.

Por tu propio bien y el de tu equipo

Muchos hombres en el liderazgo ya conocen el aporte que pueden hacer las mujeres líderes, pero otros todavía no han dado el paso de invitarlas a la mesa. Quizás estés acostumbrado a reunirte de forma regular con un grupo de muchachos y no tienes que preocuparte de incluir a las mujeres en tus relaciones ni en la toma de decisiones. Eso resulta cómodo y —si estás dispuesto a admitir este pensamiento— *es la forma en que debería ser*. Sin embargo, si no tienes compañeras mujeres en el ministerio, creo que te estás perdiendo varias maneras importantes en que tu propio liderazgo puede enriquecerse y mejorar. Una líder mujer efectiva puede aportarle a tu círculo su perspectiva, sus instintos, su creatividad, su competencia comunicativa y su intuición para la inteligencia emocional. Es evidente que muchos hombres líderes también muestran estos rasgos, pero una mujer dentro del círculo le añadirá a tu equipo una dimensión que represente de forma más completa a tu congregación, tu comunidad y la plena imagen de Dios. Tu equipo será más saludable y, en mi opinión, más efectivo.

En su libro *See Jane Lead* [Vean cómo lidera Jean], la Dra. Lois P. Frankel expone que las mujeres se destacan en los rasgos considerados más comúnmente como aquellos que reflejan un liderazgo exitoso, incluyendo las capacidades para:

- Crear una visión, alinear a la gente detrás de ella y desarrollar un plan para llevarla a cabo.
- Expresarse de manera que inspire responsabilidad y confianza.
- Motivar a los seguidores a realizar el esfuerzo necesario para alcanzar los objetivos organizacionales.
- Crear equipos que entiendan y valoren la sinergia y la interdependencia.
- Mostrar inteligencia emocional.
- Correr riesgos que beneficien a la organización.
- Desarrollar una fuerte red que sostenga el cumplimiento de los objetivos y el éxito profesional.[17]

La Dra. Frankel afirma que «una mirada atenta a la lista revela que estos comportamientos son idénticos a los que las mujeres exhiben a diario dada su propia socialización como aquellas que alimentan, dan alojamiento y cuidan [...] La supervivencia de la mujer siempre dependió de mostrar los mismos comportamientos tan necesarios en la sociedad de hoy»[18].

Allí sentadas en los bancos de tu iglesia los domingos por la mañana se encuentran mujeres excepcionales, mujeres que con eficacia lideran durante toda la semana en otros ámbitos, mujeres que podrían estar produciendo un impacto enorme en la vida, la dirección y la cultura de tu iglesia. Algunos de los grandes desafíos que tu iglesia enfrenta en la actualidad requieren el aporte de estas mujeres líderes, pero la mayoría de ellas no se acercarán ni ofrecerán sus servicios si asumen que no serán bienvenidas. Dependiendo de lo que observen en tu iglesia, tal vez decidan que será mejor retraerse y sobrevivir en las sombras.

Si ya invitaste a algunas mujeres líderes a la mesa, sabes que también pueden contribuir de forma inmensa al gozo, la vitalidad y la salud emocional del cuerpo pastoral y los equipos de voluntarios. La mayoría de los líderes varones que conozco alrededor de todo el mundo que han asumido este riesgo podrán admitir que algunos de sus líderes más fuertes son mujeres, y que estas mujeres han proporcionado consejos sumamente sabios en momentos clave de su vida (la de los líderes) y la de sus iglesias. Ya sea como resultado de la genética o la forma en que aprenden a adaptarse a la cultura, las mujeres por lo general —no siempre— muestran excelentes habilidades para conocer e interpretar a un grupo, apoyarse en sus instintos cuando se trata del comportamiento humano, y formar un equipo basado en la verdad y el apoyo mutuo. Necesitas su presencia más de lo que crees.

Sí, existen riesgos potenciales que se relacionan con el hecho de invitar a una mujer para que se una a tu círculo íntimo, entre ellos el miedo a colocarte a ti y a otros líderes en un terreno plagado de tentaciones, cruzar los límites deseados, o acercarse demasiado a ellas en lo físico o emocional. Los hombres y las mujeres que sirven juntos en la iglesia han caído en el pecado sexual, haya desempeñado la mujer o no un rol dentro del liderazgo. Antes que huir del potencial para los problemas, te insto a que crees una cultura en la que puedas hablar con franqueza sobre el trato de unos con otros, qué hacer en caso de que surja una atracción no saludable hacia alguien del equipo, y cómo invertir en relaciones donde haya que rendir cuentas ante personas que te harán preguntas difíciles y te ayudarán a permanecer puro. Esto es *posible*, y el precio vale la pena.

La primera vez que una mujer se siente a la mesa del liderazgo o enseñe desde el púlpito de tu iglesia es posible que resulte un poco extraño. No obstante, puedes preparar a tu equipo y a la congregación con anticipación para semejante transición si eres sabio y deliberado. Cuando incorpores por primera vez a una mujer a tu equipo de liderazgo o al consejo de ancianos, sube al púlpito y declara la verdad delante de todos (no tiene sentido pretender que no sucede nada nuevo y distinto). Así permitirás que el equipo de trabajo sienta alivio y se quede tranquilo al respecto.

> *Las decisiones que tomes con respecto a la mujer en el liderazgo [...] tendrán un efecto dominó en las generaciones venideras.*

En cuanto al púlpito, presenta a una educadora de forma gradual con el tiempo, dándole primero pequeñas oportunidades para dar anuncios, dirigir una oración guiada o hacer comentarios introductorios. Permite que la congregación se vaya acostumbrando a la idea de esta nueva oradora y trabaja con optimismo a fin de establecer una fuerte conexión con ella. Antes de llegar hasta aquí, asegúrate lo mejor que puedas de haber escogido a esta nueva miembro del equipo o educadora con muchísimo cuidado. Luego coloca detrás de ella el peso de tu firme aval usando todas las formas posibles, porque el cuerpo pastoral y la congregación recibirán el ejemplo de ti. Haz que todo el mundo sepa, en cada oportunidad que puedas aprovechar, que estás abogando por esta líder o educadora, tienes mucha confianza en ella y esperas que todos la traten con respeto.

Sé que esto suena como un arduo trabajo con muchos riesgos secundarios. Los que inviten a las mujeres a unirse a sus equipos y entregarle un mensaje a la congregación, un día mirarán hacia atrás y no podrán imaginar cómo era la vida antes de que las mujeres desempeñaran un rol clave. Sé lo suficiente valiente para dar estos pasos... por tu bien y el de tu iglesia.

Por el bien de tus hijas y la próxima generación

Bueno, quizás no tengas hijas. Sin embargo, de cierto modo sí las tienes, ya que eres un líder en la vida de las jóvenes que están creciendo dentro de tu iglesia y tu comunidad. Las decisiones que tomes con respecto a la mujer en el liderazgo, así como la medida en que te conviertas en un factor de cambio y un conducto para que ellas puedan hacer sus aportes, tendrán un efecto dominó en las generaciones venideras. Las jóvenes crecerán creyendo que existe un lugar para ellas dentro de la vida de la iglesia o descubrirán con rapidez que esas puertas están cerradas.

Hace algunos años el pastor de una iglesia en California me contó su propia jornada en cuanto a este tema de la mujer en el liderazgo. Criado en la región centro-oeste, creció en una iglesia y una denominación que eran bastante conservadoras en su posición. Nunca vio que una mujer desempeñara un papel importante al frente ni en un equipo de liderazgo estratégico. Pensaba que esto era normal, bíblico y correcto... hasta que tuvo hijas.

Entonces, mi amigo pastor me explicó que comenzó a cuestionar su entorno y sus creencias, en especial a medida que sus hijas crecían mostrando innegables dones de liderazgo y una gran competencia comunicativa. ¿Qué les diría en cuanto a su potencial en la iglesia local e incluso en la congregación que él estaba liderando? Todo esto lo llenaba de confusión, hasta que estuvo dispuesto a estudiar con diligencia e iniciar una jornada hacia el cambio paulatino en una denominación que parecía cerrada a la idea de alterar su visión tradicional.

La próxima generación de mujeres necesita con urgencia líderes varones que sean una fuerza valiente de transformación. La mayor parte del poder de la iglesia alrededor del mundo descansa en manos de los hombres. Hasta que algunos de nosotros estemos dispuestos a volver a considerar las suposiciones y sacudamos algunas estructuras, nada cambiará en esencia, y cada vez más mujeres jóvenes consagradas a Jesucristo tomarán la iglesia como un entretenimiento o se irán, mientras invierten sus habilidades, instintos y pasiones en el mundo empresarial u otros ámbitos. De este modo, perderemos su poder potencial para el reino.

Estoy terminando esta carta sentada en el exquisito vestíbulo de uno de los hoteles más elegantes de los Estados Unidos, robándole solo unas horas a nuestras vacaciones familiares a fin de cumplir una fecha límite (de todos modos, mi familia todavía duerme). Estamos alojados enfrente, en una cabaña prestada, pero de vez en cuando deambulamos por la entrada de la magnífica piscina de este hotel y asomamos la cabeza para ver si hay algún famoso poniéndose loción bronceadora, ya que vimos fotos de este lugar en la revista *People*. Un pastor amigo me dijo que podía traer mi computadora y escribir en el vestíbulo del hotel, pero mientras permanezco aquí sentada no estoy del todo segura. Los enormes ramos de flores frescas, las brillantes mesas de maderas preciosas, el mobiliario impecablemente diseñado y tapizado, el llameante fuego en el hogar (aunque afuera hace unos 30°C), y sobre todo los muchachos de seguridad con sus pequeños auriculares negros que no dejan de mirarme, me hacen sentir que no pertenezco aquí. En cualquier momento alguien en traje de baño puede acercarse a mí y preguntarme por qué tengo la osadía de respirar su aire cuando las lujosas habitaciones aquí cuestan ochocientos dólares por noche.

Hubo momentos durante estas tres últimas décadas cuando tuve ese mismo sentimiento estando en mi iglesia. Sí, somos mucho más igualitarios que la mayoría de las iglesias cuando se refiere a nuestra posición y práctica de colocar a las mujeres en roles clave de liderazgo. Sin embargo, como la primera mujer en el equipo administrativo y la primera pastora a cargo de la enseñanza, hubo momentos en que me preguntaba si en realidad pertenecía, si era correcto y bueno que ocupara un lugar en la mesa, si lo que parece ser un club exclusivo de hombres a veces puede hacer lugar para algunas chicas. Lo que primero y principalmente me ha ayudado a sobrevivir son los marcados susurros del Espíritu llamándome a perseverar y desempeñar la tarea que me llamó a hacer. No obstante, el otro motivo por el que todavía estoy en el liderazgo de la iglesia solo puede atribuirse al hecho de que hombres fuertes me invitaron a unirme a sus equipos y luego me hicieron sentir que mi aporte era bienvenido e importaba, y que debía crecer y progresar. Tengo hacia ellos una enorme deuda de gratitud, porque hubiera sido mucho más fácil para estos hombres tomar el sendero más común y prohibir mi entrada, junto con la entrada de las otras mujeres que me siguieron.

Tienes que elegir. Puedes dejar el asunto a un lado con la esperanza de que desaparezca por un tiempo y seguir enfocándote en todas las otras preocupaciones realmente grandes que existen dentro de tu iglesia. O puedes continuar escuchando y aprendiendo a disponerte a ser un agente de cambio. Como parte del proceso de escuchar, quizás puedas incluso leer el resto de este libro en un intento de comprender la experiencia más amplia de las mujeres que buscan usar sus dones de liderazgo en la iglesia. Puedes almorzar con una líder fuerte o un grupo de mujeres líderes y darles la libertad de revelarte sus inquietudes. Puedes realizar un estudio y permitir que el Espíritu Santo te indique dónde podría progresar tu iglesia.

Sin disculpas, te invito a que seas audaz, valiente y diligente por el bien de tu iglesia y el impacto futuro, por el bien de tu alma y tu personal, y por el bien de todas las mujeres que permanecen al margen, se preguntan si existe un lugar para ellas y tienen un potencial extraordinario para volar. Contamos contigo.

Apóyate en tu tribu

Sentada en mi café preferido, tenía frente a mí la pantalla de la computadora en blanco, desafiando mis esfuerzos para pensar en el mensaje que intentaba escribir. Era una hermosa mañana de sol en Chicago, con poca humedad y temperaturas cálidas que invitaban a disfrutar del aire libre.

Lamentablemente, es imposible leer la pantalla de una computadora bajo la luz del sol, así que decidí quedarme adentro. Unos momentos más tarde, un grupo de mujeres se sentó con sus cafés y chocolates en una de las mesas de afuera. Reconocí a varias de ellas. Luego de verlas interactuar durante un rato, pude percibir que estaban teniendo algún tipo de reunión, probablemente planeando una actividad escolar, ya que todas eran madres de niños de alrededor de la misma edad y al parecer estaban asignándose tareas mientras conversaban.

A las nueve de la mañana, estas mujeres se veían relajadas y muy entretenidas. Lidié con los sentimientos de envidia, tratando de suponer cómo sería el resto del día para ellas, el cual imaginé que incluía tiempo para ser un ama de casa que consigue hacer los mandados, crea un hogar ideal y prepara una deliciosa cena para su familia, tiene tiempo de ofrecerse voluntariamente a fin de colaborar con las actividades de la escuela, e incluso cumple con un plan de ejercicios saludables en el gimnasio local antes de disfrutar de una manicura profesional. Entré en uno de esos juegos de comparación que las mujeres utilizamos a veces y reflexioné sobre mis propias decisiones como madre trabajadora a tiempo parcial, cuyo hogar está siempre en un leve estado de caos y rara vez se ofrece para colaborar con las escuelas de sus hijas, y cuya familia siempre le pregunta: «¿Qué hay para cenar?» con un poco de inquietud y una clara falta de entusiasmo.

Esa mañana en el café provocó en mí sentimientos con los cuales admito haber estado luchando una que otra vez durante muchos años. Sentimientos con relación a mis propias decisiones y las de aquellas mujeres que tanto respeto y admiro. En las últimas dos décadas, mucho se ha escrito sobre las guerras de mamás, una tendencia subyacente de hostilidad y juicio entre mujeres, en la cual se enfrentan aquellas que deciden ser amas de casa a tiempo completo contra las que eligen tener un empleo fuera de su hogar. Desearía poder decir que no existen guerras entre las madres en el ministerio, que en la iglesia no se produce división entre las mujeres con dones de liderazgo y otras mujeres mientras interactúan, pero lamentablemente esa no ha sido mi experiencia ni la situación descrita por otros. Así como las adolescentes pueden ser crueles, las mujeres adultas pueden volverse crueles también, socavando, juzgando y criticando las decisiones de otras mujeres con las que alaban al Señor los domingos por la mañana, ya sea de forma leve o no tan sutilmente. Aquellas de nosotras que lideramos en la iglesia, debemos evitar de manera estricta hacer cualquier tipo de contribución a la división que se produce en las guerras de mamás. En cambio, debemos intencionalmente desarrollar nuestro propio círculo (nuestra tribu) de amigas y apoyarnos en ellas, ocupándonos luego de invertir en las mujeres jóvenes que vienen detrás.

No más guerras de mamás

Nunca antes ha habido tantas opciones para las mujeres en términos del matrimonio, el control de la natalidad, el cuidado de niños y los empleos. Existen múltiples escenarios de entre los cuales la mujer puede elegir, y todas realizan una serie de cambios y decisiones a medida que transitan por nuevas épocas de sus vidas y se enfrentan a nuevas realidades. La mayoría de las madres solas, por ejemplo, posiblemente no previeron estar en esa situación, sin embargo, atraviesan con valentía los desafíos de criar solas a sus hijos, o al menos sin un padre en casa. Todos conocemos mujeres que invierten su tiempo por completo en la crianza de sus hijos durante una época para luego iniciar actividades nuevas en la etapa del nido vacío. Algunas mujeres son felizmente solteras, mientras que otras todavía esperan que el matrimonio forme parte de sus vidas. Por lo tanto, si todas estas opciones y elecciones de estilos de vida existen, ¿por qué nos resulta tan difícil aprender a aceptar y apoyar las decisiones de los demás sin tener que recurrir a un espíritu crítico que es claramente, o de manera encubierta, muy hiriente?

Creo que la mentalidad de la guerra de mamás deriva en esencia de una inseguridad arraigada en lo profundo que conduce a los pecados de la envidia y la codicia. La definición de envidia es «estar descontento por causa de lo que otros poseen y uno desearía tener; rencor malicioso». La codicia es básicamente un sinónimo de la envidia. Envidiamos porque existe una diferencia entre lo que somos y lo que creemos que deberíamos ser o lo que otros insisten que deberíamos ser.

Nuestra cultura está obsesionada con las comparaciones. Betsy Cohen escribe en su excelente libro, *The Snow White Syndrome* [El síndrome de Blancanieves], que «alentamos a los demás a ganar más dinero, mejorar su apariencia, hacer las cosas de mejor manera, aprender más y tener más. Nuestra sociedad crea comparaciones e insatisfacciones inevitables»[19]. Dios es tan serio en cuanto al problema de la envidia que se refiere en específico a la codicia en los Diez Mandamientos (Éxodo 20:17). Y la carta de Santiago afirma con determinación que «donde hay envidias y rivalidades, también hay confusión y toda clase de acciones malvadas» (3:16).

Así como las adolescentes pueden ser crueles, las mujeres adultas pueden volverse crueles también, socavando, juzgando y criticando las decisiones de otras mujeres con las que alaban al Señor los domingos por la mañana, ya sea de forma leve o no tan sutilmente.

¿De dónde proviene la envidia y qué podemos hacer para luchar contra este monstruo de ojos verdes? Un profesor de la Universidad de Purdue, Robert Bringle, hace hincapié en el hecho de que «codiciamos con mayor fuerza en áreas importantes para nuestro sentido de la autoestima». En otras palabras, cada uno de nosotros es más susceptible a la envidia en los ámbitos donde nos sentimos más vulnerables o débiles. Las mujeres líderes que no están en paz con su identidad o no confían en las decisiones que han tomado pueden dudar de sí mismas hasta el punto de destruir a otros en un intento de valorarse más. Déjame hacerte esta pregunta: ¿En qué ámbitos es más probable que envidies a otras mujeres? Cuando respondemos a esta pregunta, podemos percibir dónde nosotras mismas somos más inseguras.

Al formularme esta pregunta, se me ocurre rápidamente una respuesta. El área más frágil de mi autoestima se centra en las partes domésticas de la vida: la cocina, la jardinería, la decoración, etc. Por lo tanto, es más probable que sienta envidia estando alrededor de mujeres que pretenden ser como las estrellas de televisión Martha Stewart o Rachael Ray. (Mi madre me dio una placa para mi cocina que dice: «¡Martha Stewart no vive aquí!»). Estas son mujeres que diseñan y cosen sus propias cortinas, fabrican sus propias velas, preparan recetas de la revista de cocina *BonAppétit* de manera rápida y sin hacer ningún esfuerzo... ustedes saben a qué clase de mujeres me refiero. ¡Tengo algunas amigas que pertenecen a esa categoría, y hasta mi hermano se casó con una Martha Stewart! Tami no solo puede ser la adorable madre de cuatro niños, tener un fabuloso hogar que podría aparecer en una revista, confeccionar disfraces para las obras de teatro de sus hijos y cocinar como el famoso chef estadounidense Emeril Lagasse, sino que también resulta ser una persona muy agradable. Tami es una mujer piadosa, afectuosa, generosa, divertida, bonita... ¡en síntesis, alguien que solía enfermarme! Me di cuenta de que cuando mi hermano Chip se casó con ella, me sentía un poco deprimida después de visitar su casa. Ver las habilidades de Tami puestas en acción me recordaba todas mis incapacidades y fracasos en el ámbito doméstico. A menudo utilicé el humor y el sarcasmo para ocultar lo que en verdad no era más que el pecado de la envidia en mi corazón.

Si examinamos con atención nuestra reacción interior cuando nos encontramos con mujeres que tomaron decisiones diferentes, podremos descubrir si estamos luchando con la codicia y la inseguridad. A continuación hay algunas preguntas clave para considerar:

- ¿Tienes la tendencia a menospreciar los logros, los talentos o la apariencia de otras mujeres?
- Aunque no lo digas, ¿te molesta cuando otra mujer avanza en el ámbito profesional o social? ¿Cuál es tu reacción ante su éxito?
- ¿Sientes la tentación de difamar o sabotear a una persona con relación a la cual te sientes inferior?
- ¿Te alegras cuando una colega o amiga sufre un contratiempo?

Apóyate en tu tribu

- ¿Te encuentras haciendo juicios y suposiciones sobre las decisiones de otras mujeres que lideran la iglesia, en especial las que son madres?
- ¿Inviertes una gran cantidad de energía en compararte con otras mujeres, física, espiritual y profesionalmente?

La envidia es un pecado vergonzoso porque es mezquino y vaga sigilosamente, con tal sutileza que a menudo no nos damos cuenta de que está ahí hasta que se transforma en una creciente amargura. En Proverbios leemos: «Cruel es la furia, y arrolladora la ira, pero ¿quién puede enfrentarse a la envidia?» (Proverbios 27:4). Lo que más me preocupa de la envidia en el corazón de las mujeres líderes es que malgasta nuestro tiempo, nos roba la profunda alegría de nuestra propia singularidad, y destruye la posibilidad de crear una comunidad auténtica y redentora. Nuestra codicia crea una distancia entre Dios y nosotras, así como entre nosotras y los demás. Cuando siento envidia, no puedo estar sinceramente agradecida ni sentirme productiva, porque estoy muy ocupada sintiéndome vacía. Por lo tanto, ¿qué podemos hacer para liberarnos de tan tortuoso pecado y este patrón que nos roba la vida? El camino para alejarnos de la envidia requerirá que dejemos de escondernos, reorientemos nuestros pensamientos y energías, y creamos lo mejor acerca de otras mujeres.

Deja de esconderte

Para hacerle frente a la envidia, primero debemos llamarla por su nombre y admitir nuestro pecado. El Dr. Joyce Brothers afirma que estamos «tan avergonzados de nuestros sentimientos de envidia que rara vez los sacamos a la luz para analizarlos»[20]. La envidia tiene muchos disfraces. Si sueles encontrar defectos en los demás, si sientes falta de alegría y satisfacción, si no puedes regocijarte con los que se alegran, examina con cuidado tu corazón. Si lo que te sucede es que sientes envidia, admítelo en primer lugar ante Dios. Dilo en voz alta o escríbelo: «Siento envidia». Cuando confesamos nuestra envidia, tenemos la sensación de poder pasar de la confesión a la transformación. A menudo puede ser útil reconocer nuestro pecado frente a otra persona, quizás incluso ante aquel que es objeto de nuestra envidia.

En algún momento decidí confesarle mi envidia a Tami y tener una conversación con ella al respecto. Dar ese paso fue increíblemente liberador para mí. Como sucede por lo general cuando las mujeres se admiten sus celos unas a otras, descubrí que hay aspectos de mi vida que Tami admira y sabe que no son sus puntos fuertes, como por ejemplo, hablar en público. Ella me contó que su inclinación y sus dones en cuanto a la vida doméstica han sido característicos en ella desde niña, por lo que surgen de una manera tan fácil y natural que no los considera muy importantes (que es lo que sucede con cualquier don). Cuando admití mi envidia, sentí que una gran carga cayó de mis hombros, y ahora puedo ir a la casa de Tami sin sentirme deprimida o incapaz, ya que soy libre para elogiar lo maravillosa que es y no enfocarme tanto en lo que no soy. Admito que sí vacilé un poco el año en que fuimos a su casa para la cena de Navidad y vi la forma en que Tami había señalado nuestros lugares en la mesa. Me felicito a mí misma si utilizo un papelito para indicar dónde deben sentarse los convidados, así que obviamente mis expectativas son bastante bajas. Aquel día, en la mesa que Tami había decorado con elegancia, nuestros nombres estaban escritos en pan de jengibre encima de cada plato. ¡No solo eran hermosos, sino también comestibles! Esto casi me puso los nervios de punta, pero me recompuse. Vivir en un continuo estado de envidia es destructivo para el alma, y destruye la posibilidad de disfrutar de la comunidad y la alegría.

Si alguna de mis reflexiones sobre la envidia ha provocado un sentido de convicción en tu espíritu, por favor, te pido que pongas el libro a un lado por un instante y examines tu propio corazón y tu mente en busca de rastros de envidia. Hasta que no saquemos nuestras oscuridades a la luz, no podemos esperar ser sanados y liberados. Analiza e indaga con atención a quién tiendes a envidiar, los tipos de mujeres a los que sueles guardarles rencor, y profundiza para comprender las inseguridades que yacen en la raíz de tu envidia. Encontrarás a tu paso mucha más alegría, gratitud y relaciones auténticas a medida que elimines este pecado taimadamente sutil de tu alma y se lo confieses a tu Creador.

Redirige tus pensamientos y energía

Se requiere una gran disciplina mental y una fuerte voluntad para dejar de hacer comparaciones poco saludables y productivas. Eleanor Roosevelt dijo una vez: «Nadie puede hacerte sentir inferior sin tu consentimiento»[21]. Entrénate para abstenerte de ver a las personas formando parte de algún tipo de jerarquía y recuerda que diferente significa diferente, no necesariamente mejor ni peor. Los líderes como yo que luchan con el perfeccionismo deben aceptar la verdad de que nadie puede ser bueno en todo. En lugar de ceder a los ciclos interminables de la comparación, debo aceptar la esencia de mis propias fortalezas y luego intentar mejorar aquellas áreas de debilidad que puedo tratar. Superar la envidia puede ser un inmenso estímulo para el cambio y una inversión mucho mejor de nuestras energías.

Por ejemplo, si a menudo te encuentras envidiando a una mujer que parece haberle dedicado su vida a la oración, concentra tus energías en el aprendizaje de cómo ella ha cultivado esa disciplina espiritual, e incluso pídele orientación y recursos para ayudarte a crecer en esa área. La mayoría de nosotros puede mejorar en varias áreas, pero si los rasgos que envidias no son realizables (por ejemplo, todas las clases de canto en una academia no me van a convertir en una mejor cantante), trata de llegar a la aceptación. No tengo que ser buena en todo, y puedo aprender a elogiar los asombrosos dones musicales de otras personas.

Este proceso de reorientación me obliga a tener un control más firme de mi propia singularidad y una sensación de paz en cuanto a mis propias decisiones. Hay pros y contras en las opciones de estilos de vida que las mujeres toman, y ninguna de ellas diría que su vida es siempre fácil o ciento por ciento feliz y satisfactoria. Cuando siento la tentación de envidiar a mis amigas que no tienen hijos a su cargo en casa porque sus vidas parecen mucho menos frenéticas y tienen espacio para la soledad y el descanso, me recuerdo a mí misma las razones por las cuales Warren y yo elegimos ser padres, y las alegres ventajas de esa decisión. ¡Ninguna de nosotras puede tenerlo todo durante todo el tiempo! No quiero perder más tiempo y energía en el juego de la comparación. Prefiero enfocarme en vivir mi vida de la mejor manera posible, porque solo tengo una oportunidad. Solo habrá una versión de mí en este planeta, y anhelo escuchar a Dios decirme que he hecho lo correcto con lo que me ha confiado. En ese momento, en el cielo, el Señor no va a compararnos con nadie... Simplemente seremos llamados a rendir cuentas sobre cómo hemos invertido lo que se nos ha dado. Eso nos liberará y nos hará reflexionar.

Cree lo mejor

La tercera forma esencial en que podemos liberarnos de la envidia es practicando el arte de creer lo mejor acerca de otras

mujeres. He aquí lo que elijo pensar de cualquier otra mujer y sus decisiones:
Jamás conoceré la historia completa.
Cada mujer intenta hacer lo mejor que puede.

Este modelo de pensamiento es especialmente útil para aquellas mujeres líderes que son madres y sienten la tentación de juzgar y evaluar a otras mujeres líderes que también lo son, ya que este es un ámbito donde se da mucho la envidia y el juicio. Cada madre tiene una historia: lo que sucede en su propio hogar con relación al rol del padre (en caso de que esté presente), la situación económica, la salud de los miembros de la familia, las necesidades únicas de cada niño, y la posibilidad de ayuda disponible proveniente de los parientes. Cada madre trabaja con un conjunto de condiciones únicas y muy específicas, haciendo lo mejor que puede por su familia. Las madres que optan por trabajar fuera del hogar aman a sus hijos tanto como las amas de casa a tiempo completo, trabajando por una serie de razones diferentes. No es mi deber evaluar sus decisiones, y cuando me vea tentada a juzgar, debo preguntarme qué necesidad hay en mí que suscita tales pensamientos poco saludables. ¿Estoy tratando de reforzar mis propias decisiones? ¿Estoy tratando de bajarle los humos a esa mujer en mi mente? ¿Soy demasiado rápida para hacer suposiciones que podrían estar muy lejos de la realidad si conociera toda la historia? ¿Qué sucedería si decidiera creer lo mejor sobre las intenciones de esa mujer y su compromiso con Cristo, su familia y la iglesia?

Creo que podemos profundizar y mejorar la comunión con los demás si todos estamos dispuestos a dejar los sutiles pero a la vez mortales cuchillos de la envidia y el juicio, de modo que podamos deshacernos de nuestra necesidad de pretender establecer los estándares o parámetros con respecto a lo que *cada mujer debería hacer*. Solo necesitamos *detener esta locura* y celebrar el hecho de que hay muchas otras opciones, muchas historias únicas y maravillosas, muchas maneras en las que las mujeres de hoy en día pueden vivir mejor y contribuir con sus familias, sus amigos, sus iglesias y el mundo. Te invito a unirte al grupo de las mujeres que alaban a Dios por la diversidad que existe entre nosotras y son mucho más rápidas para defenderse y apoyarse entre sí que para destruirse. ¿Quieres formar parte de esa clase de revolución?

Cuando dejamos de escondernos y desenmascaramos nuestra envidia, cuando reorientamos nuestros pensamientos y energías más allá del círculo vicioso de la comparación y decidimos creer lo mejor acerca de cada una de nosotras, tenemos una oportunidad de ganar... a decir verdad, todas podemos resultar vencedoras. Ser una mujer líder de la iglesia ya de por sí es bastante difícil sin tratar de hacerlo sola, desconfiando o degradando a las hermanas en Cristo, las cuales en realidad podrían ofrecernos comprensión, apoyo, refugio, desafío mutuo y aliento. Es por eso que creo que debemos organizar una tribu y apoyarnos en ella.

Se necesita una tribu

Pocas charlas me entristecen más que las que tengo con algunas mujeres líderes que se sienten terriblemente aisladas cuando intentan invertir sus dones en la iglesia. Si estoy hablando por teléfono, todo mi ser desearía poder transportarse al instante y estar con esta persona, compartir una taza de té y darle un abrazo. Ninguna de nosotras fue diseñada para enfrentar sola los desafíos del ministerio, y aunque la mayoría de los líderes tienen muchas personas a su alrededor, las mujeres involucradas en el liderazgo a menudo carecen de la clase de hermanas del alma con las que pueden ventilar sus frustraciones sin temor, obtener respuestas, y luchar contra los singulares desafíos que emergen en cualquier contexto de la iglesia.

Dado que muchas mujeres tienden a cuidar de todos los demás antes de abordar sus propias necesidades personales, pocas mujeres líderes se conceden el permiso de pasar un tiempo formando y construyendo una tribu de mujeres. En su inspirador libro *Nice Girls Don't Change the World* [Las niñas buenas no cambian el mundo], Lynne Hybels declara que «lo mejor que hice en mi vida fue aventurarme fuera de mi soledad y unirme a un círculo de mujeres [...] Cuando hacemos esto, cuando nos ayudamos unos a otros, nos alentamos, descubrimos nuestro más sublime y verdadero yo, nos convertimos en una fuerza poderosa para el bien —para Dios— en este mundo»[22].

Dudo que hubiera llegado hasta aquí en el ministerio sin las mujeres de mi tribu. Hace poco, tuve una extraña y a la vez extraordinaria experiencia con varias mujeres miembros de mi tribu con el motivo de celebrar un cumpleaños muy significativo. (¡No voy a decir cuál!). Mi esposo me concedió el regalo de invitar a algunas mujeres importantes de mi vida para que me acompañaran durante un fin de semana en un departamento en Florida. Pasamos un tiempo mágico riéndonos al borde de la piscina con montones de revistas y nuestras Coca-Colas dietéticas, explorando las tiendas de la zona, comiendo estupendas comidas juntas, o simplemente disfrutando de la compañía de las demás. Siempre pensé que a ciertas amigas íntimas mías con seguridad les encantarían otras de mis amigas que vivían en distintos estados y congeniarían con ellas si tan solo se reunieran. ¡Ese sueño se hizo realidad! Mis amigas no tardaron en congeniar, mientras yo me deleitaba y me llenaba de gozo al verlas conectarse.

Por favor, no intentes andar como el llanero solitario en la vida o el ministerio: cuando soplen las inevitables tormentas, necesitarás urgentemente el apoyo de otras mujeres que te conozcan bien, puedan hablarte la verdad en amor, y estén allí en cualquier circunstancia.

La última mañana que estuvimos juntas, recorrí uno a uno aquellos rostros mientras reflexionaba. Dios las ha utilizado para suplir varias necesidades en mi vida, afirmándome en diversas maneras. Miré a Polly, mi amiga de toda la vida, que estuvo conmigo desde la infancia, con quien experimenté toda clase de pérdidas y victorias, sabiendo que me conoce tanto como las otras o mejor que nadie, porque sabe de dónde vengo y anduvo conmigo a lo largo de todo el camino. A Lynn y Karla, mis amigas mamás, sin las cuales no imagino poder enfrentar los desafíos de la vida diaria. Miré a Suze y a Caron, dos mujeres que son líderes en sus iglesias. Ambas me escuchan y me ofrecen sus asombrosos dones de sabiduría, objetividad, risa y esperanza. A menudo me recuerdan que no estoy loca y me quieren mucho más de lo que merezco. Pensé en aquellas que no pudieron estar con nosotras ese fin de semana (Corinne, Sue y Nancy O.) y elevé una oración de gratitud por mis amigas. Dios, soy una mujer rica a la que bendijiste con amigas increíbles *que contribuyen enormemente a mi vida*. ¡Gracias de todo corazón!

Si sientes envidia al leer acerca de las amigas de mi tribu, encausa tu energía y piensa en tu situación. Si no tienes una tribu, comienza evaluando candidatas. ¿Hay algunas mujeres con las que te sientas lo suficiente segura como para comenzar a cultivar una amistad más íntima, ya sea dentro o fuera de tu iglesia? Lo más probable es que necesites de ambas, porque a veces no puedes contarles tus inquietudes debidamente a las que forman parte de la comunidad de tu iglesia. Invita a una de estas mujeres a desayunar o almorzar y fíjate qué tal anda la conexión. Tal vez necesites reunirte con ella varias veces antes de determinar si es una amistad que valga la pena y el esfuerzo.

Sin embargo, ten presente que formar una tribu lleva tiempo. Las amistades deben ser cultivadas, alimentadas y cuidadas. No podemos organizar una tribu con rapidez por más que quisiéramos. Al principio de mi ministerio, aprendí que mis amigas implicarían un costo, pero que los resultados son mayores que los sacrificios. Por favor, no intentes andar como el llanero solitario en la vida o el ministerio: cuando soplen las inevitables tormentas, necesitarás urgentemente el apoyo de otras mujeres que te conozcan bien, puedan hablarte la verdad en amor, y estén allí en cualquier circunstancia. Si estás casada, no descargues sobre tu esposo todo el peso de tus necesidades relacionales. No importa lo bueno que él sea, es una carga demasiado pesada para alguien. Hay situaciones en las que solo un miembro de mi tribu puede entenderme de verdad.

Piensa en tu próximo gran festejo de cumpleaños. Si tuvieras que celebrarlo con una tribu de amigas, ¿sabes a quién invitarías? ¿Cuántas esperarías incluir? Lo más importante, ¿estás invirtiendo con regularidad para forjar amistades que te hagan sentir firme y fuerte, de modo que puedas decir con confianza que no estás sola y seas capaz de brindarle a algunas pocas un amor profundo y perdurable, así como recibirlo de ellas? Es mi deseo que todas las mujeres líderes crezcan en una tribu y luego dirijan su atención hacia la próxima generación de mujeres que están buscando guía y apoyo.

Un llamado a las mentoras

Con la escasez de mujeres líderes tanto en el mundo empresarial como en la iglesia, alguien podría pensar que las que están en el liderazgo serían las defensoras más apasionadas e intencionales de que otras mujeres surjan en los roles clave. Lamentablemente, a menudo este no es el caso. Por algún motivo, las mujeres que alcanzaron un nivel de influencia a veces dificultan que otras mujeres puedan levantarse. Es como si tuviéramos una mentalidad limitada y temiéramos que no haya suficiente espacio en la mesa para más de una líder eficaz. Quizás nuestra falta de apoyo provenga de un lugar más oscuro debido a que deseamos acaparar la influencia, aferrarnos con mucha fuerza a la singularidad de ser la única mujer dentro del equipo, o al hecho de que tememos que otra mujer líder pueda superarnos con sus logros y capacidades. Esta es la desagradable verdad en muchas de nuestras iglesias.

Durante algunos años fui la única pastora y educadora en mi iglesia. Más tarde, John Ortberg y su esposa, Nancy, se mudaron a la zona de Chicago para unirse a nuestro equipo, y finalmente se le pidió a Nancy que estuviera a cargo de Axis, nuestro ministerio dirigido a los jóvenes de veintitantos. No pasó mucho tiempo antes de que fuera evidente para todos que ella era una líder destacada y una gran oradora. Formó un extraordinario equipo de jóvenes líderes motivándolos a descubrir su lugar en el ministerio, dándoles la libertad para soñar y crear. Como resultado de su liderazgo, Axis prosperó. Además, la enseñanza de Nancy era muy valorada, de modo que le pidieron que se uniera a nuestro pequeño equipo de pastores y educadores. El equipo pastoral de Willow comenzó a diferenciarnos llamándonos Nancy O. y Nancy B. (¡hasta tenemos el mismo segundo nombre, ya que las dos nos llamamos Nancy Lee!). Dentro de mí se produjo un momento de incertidumbre en el que me cuestioné lo que sentiría al tener a otra mujer en el equipo de enseñanza, sintiéndome tentada a compararme con Nancy O., dudosa de si habría suficiente espacio para que las dos pudiéramos ministrar con fortaleza. Sin embargo, esas pequeñas dudas y momentos de inseguridad rápidamente se disiparon debido al respeto mutuo, la amistad creciente y el respectivo entendimiento que nos unió. Puedo decir con honestidad y mucha alegría que las dos nos convertimos en grandes fanáticas de la otra. Rara vez alguna da un mensaje sin que la otra le envíe una nota de aliento o le brinde su apoyo verbal mientras camina hacia la plataforma. La mejor parte es que ya no me sentí tan sola. Nancy O. es un miembro especial de mi tribu, ya que ambas entendemos lo que es intentar ministrar en un equipo compuesto principalmente por hombres, criar hijos, y acompañar a un esposo que también trabaja a toda máquina en el ministerio. Cuando los Ortberg se mudaron para liderar un ministerio en la zona de la bahía de San Francisco, no conozco a nadie en Willow que haya llorado tanto o los extrañara más que yo. Hace poco, Nancy y yo aprovechamos la oportunidad para almorzar en otra ciudad donde a ambas nos pidieron que enseñáramos. El tiempo pasó volando mientras nos poníamos al día. Al mirarla a los ojos, no veo otra cosa sino aliento, apoyo, gracia, humildad y un total deleite al festejar cualquier victoria que tengo a lo largo del camino.

Todas necesitamos poder decirle a otra mujer líder sin apretar los dientes: «¡Estoy muy contenta por ti!». Me ayuda ver las victorias de mis amigas, en cierto sentido, también como victorias mías. Cuando se trata de servir a Dios y edificar el reino, hay más que espacio suficiente para todas nosotras. En Números 11, leemos acerca de una situación en la que Moisés tuvo la oportunidad de acaparar el liderazgo o celebrar las capacidades de otros. Josué, el protegido defensor de Moisés, corre a informarle que otros líderes están profetizando. Josué quería que Moisés fuera el único maestro en primer plano. Sin embargo, Moisés no se sintió inseguro ni amenazado. Su sosegada respuesta a Josué fue: «¿Estás celoso por mí? ¡Cómo quisiera que todo el pueblo del Señor profetizara, y que el Señor pusiera su Espíritu en todos ellos!» (Números 11:29). Antes de intentar monopolizar el poder o la capacidad, debemos cultivar el mismo espíritu bondadoso de Moisés. Él vio el panorama completo y anheló que Dios obrara con fuerza a través de muchos siervos. En el reino de Dios, los logros compartidos son más importantes que los logros individuales.

Cuando se trata de servir a Dios y edificar el reino, hay más que espacio suficiente para todas nosotras.

Por lo tanto, ¿cómo pueden llegar las mujeres a un sitio en el que se apoyen mutuamente unas a otras teniendo en cuenta a aquellas que recién comienzan? Al menos parte de la respuesta a esa pregunta se centra en el rol que cumplen las personas que son mentoras por voluntad propia. El término mentor implica un concepto muy amplio, con una variedad de definiciones y connotaciones según el que lo defina. Para mí, el concepto resultó ser un poco difícil de delimitar: ¿Qué significa en realidad ser un mentor? Entonces, hace algunos años, sentí el deseo de invertir en algunas de las jóvenes líderes que estaban surgiendo dentro de nuestro personal, ya sea que sirvieran en el área de mi ministerio o no. Sentí el fuerte impulso proveniente del Espíritu de separar algo de tiempo para estas mujeres, de invitarlas a reunirse conmigo de una forma periódica.

Al principio me resistía a este liderazgo, ya que no sentía que reuniera las condiciones para ser mentora. Sentía que todavía necesitaba aprender yo misma y tenía miedo de que ninguna de estas jóvenes estuviera interesada en pasar un tiempo conmigo. No obstante, los impulsos continuaron. Así que consulté, pensé en algunas jóvenes que había observado y disfrutado con anterioridad, y comencé a hacer algunas llamadas telefónicas. Por último, invité a alrededor de nueve de ellas a reunirse conmigo un viernes sí y otro no en la tarde durante más o menos noventa minutos. ¡No tenía idea de lo que hacía! Aun así, terminamos llamándolo grupo de consejería y traté de descubrir cómo invertir el tiempo con sabiduría, además de buscar otras oportunidades para reunirme con ellas de forma individual.

No puedo dejar de sonreír al pensar en ese grupo de jóvenes, todas de veintitantos, la mayoría de ellas solteras, con ojos brillantes, una energía contagiosa y una audacia preciosa: Heather, Jill, Shauna, Holly, Annie, Mindy, Jeanne, Deirdre y Ashley. Nos sentábamos en varias salas de la iglesia para tener nuestras reuniones y yo intentaba descubrir cómo organizar y guiar nuestro tiempo. Hubo encuentros en los que estudiábamos un libro sobre el liderazgo que les pedía que todas leyeran, pero la mayoría de las veces sacaba a relucir un tema, describía una situación, o simplemente respondía a sus inquisidoras preguntas. Ellas querían explorar cómo manejar la vida personal y también crecer en sus habilidades para el liderazgo, así que nuestras conversaciones a veces no tenían un enfoque definido y abarcaban una gran diversidad de cuestiones. Estoy muy segura de que podría haberlas liderado mejor, pero en verdad iba inventando todo a medida que avanzábamos. Finalmente, me di cuenta de que lo que más importaba era estar juntas, el interés que yo mostraba en sus vidas, ideas y desafíos, y las formas en que ellas también se ayudaban entre sí y me edificaban. Nos reunimos durante tres años, con algunos cambios cuando algunas tuvieron que irse por uno u otro motivo. Con todo, el núcleo del grupo siguió siendo el mismo.

He visto a varias de estas jóvenes casarse y dar a luz a su primer hijo. Hoy todas están sirviendo en alguna forma de ministerio y me siento emocionada de poder alentarlas desde las gradas. Todavía no sé mucho sobre cómo ser una mentora, pero sí sé una cosa: todas nosotras, sin importar la edad, tenemos algo valioso que ofrecerles a otras mujeres. ¡Esta inversión intencional puede incluso servir de comienzo para que las jóvenes que están en la secundaria lideren a un grupo pequeño de preadolescentes! Hay algo en verdad inspirador en una mujer que va un paso adelante entregándole a otra mujer el don de su tiempo, su atención y su sabiduría. Esta inversión puede ser sumamente variada, incluyendo desde una serie de encuentros casuales con otra mujer en una cafetería de la zona hasta una reunión de grupo en un contexto más formal.

Apóyate en tu tribu

El hecho de reconocer que ninguna de nosotras puede proporcionar la guía que un protegido necesita nos ayuda a sentirnos menos intimidadas por el concepto de ser mentoras. La escritora y conferencista Lynette Lewis, en su libro Climbing the Ladder in Stilettos [Subiendo las escaleras con tacones de aguja], describe la importancia de los momentos de consejería. Ya sea que busquemos un mentor para nuestros propios propósitos o consideremos la posibilidad de aconsejar a alguien, podemos hacer una evaluación de nuestras expectativas. Lewis declara: «Más que esperar que una o dos personas se reúnan con nosotras de forma regular, debemos buscar en cambio momentos de intercambio con gente que ofrece pepitas de sabiduría que podemos aplicar»[23].

La mayoría de nosotras miramos hacia atrás a nuestra existencia y valoramos los breves momentos de consejería que recibimos de una variedad de hombres y mujeres que, en un momento preciso, llegaron a nuestra vida y nos dieron la palabra necesaria o nos proporcionaron un vivo ejemplo a imitar. Rara vez somos bendecidas con el mentor perfecto, que todo lo abarca y puede edificar todas las dimensiones de nuestra vida. En cambio, atesoramos los pequeños encuentros con otros líderes y recogemos lo que podemos de sus inversiones, más allá de la cantidad de tiempo que disfrutamos de su presencia.

Aún me asombro ante la sed de recibir consejería que observo en la próxima generación de líderes, tanto hombres como mujeres. Cuando un líder más joven me contacta y me pide el don de mi tiempo, me siento honrada y también desafiada ante la responsabilidad que esto implica. De muchas maneras, creo que la próxima etapa de mi vida va a enfocarse en esencia en devolverles a otros todo lo que he recibido, en pasarle la batuta a líderes jóvenes que están llenos de pasión y potencial, y simplemente en ofrecerles cualquier porción de sabiduría que haya aprendido a lo largo del camino. Ser mentores no es algo que sucederá por accidente. Debemos ser intencionales, francos, siempre buscando oportunidades para dar una palabra de aliento, haciendo tiempo para disfrutar de conversaciones no apresuradas, impartiendo vida, esperanza, exhorta-

> *Mientras más años tengo, más me arrepiento de la energía que perdí comparándome con otras mujeres, teniendo envidia de ellas o sintiéndome insegura de mis propias elecciones.*

ción y consuelo en el alma de otros. Pocas inversiones valen tanto la pena.

¿Cuán deliberada eres al pensar en invertir en la vida de mujeres líderes que vienen detrás de ti adquiriendo experiencia? ¿Puedes pensar en algunos nombres de candidatas potenciales para la consejería y comenzar a entablar un diálogo con ellas apoyándote en la oración? Incluso si detectas un indicio de una mentalidad limitada, así como inseguridad con respecto a hacer lugar para otras mujeres que posiblemente puedan mostrar más dones o ejercer más influencia que tú, sé honesta en cuanto a tus sentimientos y lleva a cabo la difícil tarea de desarraigar esa mentalidad. En verdad, hay más que suficiente espacio para todas nosotras, y el reino no avanzará a menos que estemos dispuestas a darnos la vuelta con humildad y extender una mano a fin de levantar a las líderes del mañana.

Mientras más años tengo, más me arrepiento de la energía que perdí comparándome con otras mujeres, teniendo envidia de ellas o sintiéndome insegura de mis propias elecciones. Lo cierto es que cuando detenemos la guerra de las mamás y elegimos creer lo mejor de otras, tenemos la oportunidad de desarrollarnos en una tribu de mujeres que contribuyen de modo inconmensurable al gozo y la aventura a lo largo del camino. No quiero sentarme en una cafetería y cumplir con mi trabajo, mirando a las mujeres que se dedican a ser amas de casa, y hacer algo más que no sea festejar el hecho de que todas podamos pintar nuestras vidas y cada cuadro puede resultar hermoso y totalmente único. Cada etapa de la vida será diferente, seamos mamás o no, estemos casadas o no, llevemos a casa un cheque o no. Lo que nunca cambia es la necesidad de ser parte de una comunidad auténtica y alentadora. Negarse a hacerlo es transitar en soledad. Nos necesitamos entre nosotras y las que vienen detrás demandan también nuestra atención. Por lo tanto, asume el compromiso de formar tu propia tribu y apoyarte en ella. La aventura será mucho más dulce.

Conclusión

El camino para las mujeres que enseñan y lideran en la iglesia por lo general no es llano y a menudo está lleno de una mezcla de frustración, enojo, dolor, desafío, nuevas oportunidades y un profundo sentido de realización. Cada mujer se despierta todos los días ante una serie única de desafíos y alegrías, y a lo largo de su vida debe labrarse un camino tanto en la iglesia como en el hogar. Sin embargo, más allá de lo difícil que se torne a veces, quiero ofrecerles tres palabras finales a mis hermanas en el ministerio: *Cumple tu llamado*. Este es el espíritu que yace en las instrucciones que Pablo le dio a Timoteo cuando escribió: «Tú, por el contrario, sé prudente en todas las circunstancias, soporta los sufrimientos, dedícate a la evangelización; cumple con los deberes de tu ministerio» (2 Timoteo 4:5).

La palabra *llamado* es profunda. Encierra un concepto que puede sentirse sobrecogedor a medida que buscamos discernir qué es lo que Dios nos llama a hacer precisamente, dónde quiere que lo hagamos realidad, y cómo maximizar los dones que nos han sido confiados. Si eres como yo, cuando se presentan los obstáculos, soy muy rápida para elaborar fantasías sobre abandonar ese llamado y tomar un camino más cómodo (como quizás vivir en una playa apartada y leer montones de libros). Tengo en mí lo que Gordon MacDonald describe como «el gen de los que se rinden», el cual me hace señas a diario para que abandone la lucha y me relaje.

Sin embargo, cuando me siento tentada a abandonar, recuerdo el rostro de una mujer que nunca olvidaré, una mujer que mi esposo y yo conocimos hace décadas en una isla a poca distancia de la costa de Haití. Luego de visitar algunos ministerios en la ciudad de Puerto Príncipe, una ciudad golpeada por la pobreza, pensé que nada podía ser peor que las devastadoras condiciones que encontramos allí: casas de planchas de cartón prensado sin sistemas sanitarios, basura en las calles, niños que se nos prendían a las piernas mendigando un pedazo de pan, madres embarazadas que ya habían perdido varios hijos a causa de la inanición y me miraban a los ojos como diciendo: «¿Cómo podré alimentar a este que está en mi vientre?». Fue una experiencia desgarradora. Más tarde, tomamos un corto vuelo hacia La Gonaves, una pequeña isla a unos pocos kilómetros de distancia. Allí nos encontramos con una misión levantada sobre un suelo tan duro que nada crece en él. No veíamos árboles, tampoco escuchábamos pájaros ni observábamos manera en que una familia pudiera cultivar algo con lo cual alimentarse. Mi esposo notó de inmediato que los niños no tenían juguetes con los cuales jugar. Nada les ofrecía un respiro del hambre y el aburrimiento. Hacía muchísimo calor y la isla no tenía una fuente de energía excepto un desvencijado generador que suministraba electricidad de manera informal unas horas al día.

La mujer que dirigía la misión nos saludó con una amable sonrisa. Hacía treinta años que vivía como misionera en esa isla. Treinta años. Todavía no logro entender esa clase de sacrificio. Las pocas horas que visité la isla me parecieron una semana y anhelaba estar en la habitación del hotel con aire acondicionado y una ducha refrescante. No obstante, esta mujer amaba a la pequeña comunidad de personas que vivían en aquella isla. Estaba dedicada fervientemente a ellas. No tenía la obligación de permanecer allí (cualquiera hubiera entendido si un día decidía que era *demasiado*). Sin embargo, perseveró, y hasta donde sé, quizás siga allí cumpliendo su llamado, produciendo un impacto positivo para Dios.

Espero con ansias reunirme algún día con esa hermana en el cielo, así como con todas las otras hermanas que eligieron en la tierra invertir fielmente su tiempo y su energía usando los dones que Dios les dio para extender el reino. No debemos permitir que las dificultades se conviertan en excusas para dejar de cumplir lo que Dios espera de nosotros. Si creemos que Dios no cometió un error en el cielo al asignarnos dones, debemos levantarnos cada

Conclusión

mañana con un renovado compromiso de hacer lo mejor que podamos con lo que nos ha sido dado.

Es mi oración que nuestro Creador haya utilizado las palabras de este libro para hacerte sentir menos sola. Espero que lo que escribí te haya ayudado a sentirte reconocida y entendida por otra mujer que todavía está tratando de lograrlo, intentando cumplir con su propio llamado sin entenderlo bien muchas veces, pero también reconociendo y festejando el progreso y la esperanza. A medida que buscas penetrar la incomodidad del club de los varones, equilibrar los desafíos del ministerio con una vida plena y llena de significado, y descansar en una tribu de otras mujeres a fin de encontrar apoyo mutuo y compartir las cargas, escucha los alentadores susurros del Espíritu Santo. Es más, si me permites un dejo de atrevimiento, creo que el Señor quiere que sepas que él está muy orgulloso de ti: de tu valor, tu gracia y tu tenacidad. Eres una preciosa hija del Dios Altísimo. Por lo tanto, no te rindas. Escribe tu propia historia y un día podremos comparar las notas mientras tomamos una taza de té (está bien, de café si quieres) en el cielo. Cumple tu llamado, o expresado en palabras que salen de mi alma: ¡*Vamos, amiga, no te detengas!*

Palabras finales

Para mis hijas
(y otras jóvenes que están creciendo en la iglesia)

Queridas Samantha y Johanna:

Por varias razones escribí este libro para ustedes, mis preciosas hijas. Uno de los privilegios más grandes y sobrecogedores de mi vida fue el regalo de ser su mamá. Las tres sabemos sin lugar a dudas que como madre cometí innumerables errores, y espero haberles pedido perdón por al menos la mayoría de ellos. Hace mucho que las dos se dieron cuenta de que no sería la clase de mamá que diseña el mejor disfraz de Halloween, prepara las comidas más deliciosas, organiza las fotos en álbumes elegantemente decorados, o recibe reconocimientos por ser la *Mamá del Aula* en la escuela. Espero que también sepan que intenté apoyarme en mis puntos fuertes como mujer y mamá, cumpliendo la tarea como sabía hacerla. Sobre todo, las amé con locura.

Me deleito al ver en qué personas se están convirtiendo y celebro sus muchas capacidades. Desde que empezaron a caminar, ambas brillaron con creatividad, siempre animadas por su frase preferida: «¡Pretendamos que soy...!». Atesoraré todos los pequeños espectáculos, bailes, obras y producciones que desplegaron en nuestro sótano, y más tarde en los escenarios de la escuela y la iglesia. Su padre y yo hemos sido testigos en primera fila de la pasión que descansa dentro de ustedes, pasión para contar un cuento, crear personajes y comunicarlos con sus cuerpos y voces a través de las artes escénicas.

También son líderes, un hecho evidente desde sus primeros años. Samantha, tu maestra de preescolar me dijo que en sus tantos años de educación infantil nunca había visto a un niño o una niña que liderara con tanta eficacia, llenando el aula de energía y mucha bondad. Johanna, tu liderazgo salió a la luz mientras estabas en la escuela primaria, cuando fuiste elegida presidenta del consejo estudiantil, entre otros roles clave. Me encanta ver cómo tus amigas te respetan y te siguen, cómo lideras con gracia y muestras señales tempranas de inteligencia relacional.

Por supuesto, son dos seres independientes y no resultan idénticas entre sí. Jo, nos dará mucha alegría a tu padre y a mí ver a dónde te conducirá tu fantástico ojo para el diseño visual, así como qué rol cumplirá en el futuro tu capacidad para escribir, Sam. Las dos fueron bendecidas con mentes agudas, sentido del humor y una gran capacidad para hacer que otros se sientan incluidos y valorados. Cuando se combinan con un carácter semejante al de Jesús, estos rasgos tienen el potencial de permitirles ser determinantes en este mundo, contribuyendo a la causa de Cristo mientras sirven a otros. Todavía no tengo idea de cuáles serán sus aportes específicos, aunque sin duda espero vivir lo suficiente como para conocerlos y animarlas en sus logros.

¡Tienen muchas opciones! Mi esperanza ferviente es que mientras examinen las alternativas, mientras revisen sus puntos fuertes y admitan sus puntos débiles, y sobre todo, mientras escuchen los susurros del Espíritu Santo, consideren con atención dejar una huella en la iglesia local. Su rol puede estar dentro del equipo pastoral o como voluntarias... eso no es lo importante. No obstante, anhelo que inviertan sus vidas en el ministerio dentro de la comunidad de una iglesia local, que se destaquen por sus mentes ágiles, sus corazones amorosos y su creatividad semejante a la de un niño. La iglesia necesita con urgencia mujeres jóvenes como ustedes, que lideren, enseñen, diseñen, escriban, actúen, bailen y elaboren estrategias.

No les pintaré un cuadro que sea incorrecto o demasiado lindo; invertir sus dones en la iglesia tal vez no sea el camino más fácil que puedan escoger. En realidad, espero que por medio de las mujeres líderes que me precedieron, así como a través de mi generación y la que le sigue, más puertas que antes estuvieron cerradas sean gentilmente abiertas para ustedes. Si alguna de nosotras que hemos precedido a su generación estableció un ejemplo para que las mujeres en la iglesia lideraran y enseñaran, nos sentimos profundamente honradas de haber desempeñado un papel en esta tarea. No obstante, siento que en muchas iglesias todavía será un desafío que consigan un lugar en la mesa. Quizás

Palabras finales

se encuentren en una cultura que aún continúe pareciéndose más a un club de varones. Sin embargo, no dejen que eso las detenga si Dios las está guiando a avanzar. Necesitamos a las mujeres jóvenes... ¡ah, cuánto las necesitamos!

La iglesia en verdad es la esperanza del mundo. Me lo oyeron decir muchas veces. No obstante, por favor, sepan que lo creo con cada fibra de mi ser. El futuro de la iglesia descansa en las manos de líderes jóvenes como ustedes. A medida que busquen dirección en oración con respecto a cómo invertir la única vida que tienen, deben saber que el reino de los cielos progresará solo cuando los individuos llamados por Dios demuestren con entusiasmo y valor todo lo que son y todo lo que tienen, estando listos y dispuestos a servir y perseverar por la causa de Cristo. Ya sea que sirvan a los de escasos recursos como lo hace su padre, trabajen duro en los barrios marginados de la ciudad o un pueblo remoto en África, escriban historias para contar los domingos por la mañana, o den mensajes, lideren a un grupo de jóvenes o reúnan artistas para que les entreguen lo mejor de ellos a Dios, sin importar cuál sea su llamado específico, cumplan su ministerio. No dejen que nada las frene y celebren que Dios las haya creado mujeres.

Tengo un pequeño sueño: Que un día ambas tengan hijas también y que quizás puedan mostrarles dentro de varios años este librito. «Tu abuela escribió esto», les dirán. «Ahora está un poco desactualizado. Créanlo o no, en una época no hace mucho a las mujeres les resultaba difícil liderar en la iglesia. A veces sentían que sus dones no eran bienvenidos, así que su abuela escribió un libro para hacerles saber que no estaban solas y que Dios no cometió un error cuando les confió los dones del liderazgo y la enseñanza».

«Vaya. ¡Qué raro!», exclamarán ellas. Y se irán a jugar y se desarrollarán hasta convertirse en lo que Dios quiere que sean.

Con un corazón lleno de amor y gratitud,

Mamá

Apéndices

Recursos adicionales
«Voz», de Jane Stephens
Manifiesto sobre el rol del hombre y la mujer en el liderazgo:
Willow Creek Community Church
Preguntas frecuentes

Apéndice 1

Recursos adicionales

PARA EL ESTUDIO BÍBLICO / TEOLÓGICO

A continuación, un pequeño catálogo de los muchos recursos disponibles sobre el tema de los hombres y las mujeres en el ministerio. Para obtener una lista de recursos más completa, consultar el apéndice del libro del Dr. Gilbert Bilezikian, *Beyond Sex Roles*.

Belleville, Linda L.; Blomberg, Craig L.; Keener, Craig S.; Schriener, Thomas R, *Two Views on Women in Ministry,* **Zondervan, Grand Rapids, 2001, 2005.**
Editado por James R. Beck, este libro presenta ensayos escritos por cuatro colaboradores: dos con un pensamiento igualitario y dos con un pensamiento complementario. La edición revisada incluye críticas de cada ensayo hechas por los otros tres autores, lo que permite establecer un contraste y una comparación sobre puntos clave de erudición e interpretación y lo convierte en un libro único y de total provecho.

Bilezikian, Gilbert, *Beyond Sex Roles: A Guide for the Study of Female Roles in the Bible,* **Baker, Grand Rapids, 1985.**
Este estudio sobre los roles de las mujeres explora la revelación y la voluntad progresivas de Dios manifestadas a partir de la creación, pasando por la caída, hasta llegar a la redención. Desmenuzando con cuidado cada uno de los pasajes relevantes de las

Escrituras, el autor presenta la confirmación escritural para la no discriminación en la iglesia y la vida de la familia. Extensas notas finales ahondan aun más en las desafiantes preguntas teológicas, con un enfoque en una obra opuesta escrita por James B. Hurley, *Men and Women in Biblical Perspective*.

Bilezikian, Gilbert, *Comunidad elemental: Reivindicando la iglesia local como una comunidad unida*, Editorial Vida, 2009.
Un llamado a hacer realidad una visión bíblica de lo que significa la comunidad. Este libro incluye un tratado exhaustivo del rol de la mujer en la iglesia, específicamente en el tercer capítulo, El Ministerio.

Grenz, Stanley J. y Kjesbo, Denise Muir, *Women in the Church: A Biblical Theology of Women in Ministry*, InterVarsity, Downers Grove, Ill., 1995.

Hurley, James B., *Man and Woman in Biblical Perspective*, Zondervan, Grand Rapids, 1981.
Esta obra representa los argumentos más significativos utilizados a fin de sustentar el modelo complementario para las relaciones hombre-mujer en la vida de la iglesia y la familia. En las extensas notas que aparecen al final de su libro Beyond Sex Roles, Gilbert Bilezikian realiza comentarios sobre algunas partes importantes de la obra de Hurley.

Kimball, Dan, *They Like Jesus but Not the Church*, Zondervan, Grand Rapids, 2007.
El capítulo siete explora la perspectiva de la generación emergente no eclesial con respecto a la cuestión de las mujeres en el liderazgo.

McKnight, Scot, *Blue Parakeet: Rethinking How You Read the Bible*, Zondervan, Grand Rapids, 2008.
Una sección entera de este libro está dedicada a proveer dirección en el estudio de las Escrituras en lo relacionado con la cuestión de la mujer en el ministerio. Scot McKnight, profesor de estudios religiosos en North Park University, relata la historia de su propia trayectoria, partiendo de un entorno fundamentalista hasta llegar a ser un ferviente partidario de que las mujeres formen parte del liderazgo en la iglesia. Sus comentarios bíblicos y teológicos son sólidos y de mucho valor para este análisis.

Ortberg, John, *What the Bible Says about Men and Women*, una serie de mensajes de cuatro volúmenes. Disponible en formato MP3, CD o transcripciones de la Asociación Willow Creek (www.willowcreek.com), 1999.

Sumner, Sarah, *Men and Women in the Church: Building Concensus on Christian Leadership*, InterVarsity, Downers Grove, III, 2003.

Para las mamás

Si bien no fueron escritos desde una perspectiva cristiana, estos libros son de mujeres que ofrecen perspectivas útiles basadas en la experiencia personal y de otras mujeres que transitan por los desafíos que supone ser madre y trabajar fuera de casa.

Krasnow, Iris, *Surrendering to Motherhood*, Hyperion, New York, 1997.
Esta autora transitó de tener una carrera sumamente exigente a ser madre de cuatro varones. Valoro su honestidad con respecto a su travesía y los descubrimientos que hizo a lo largo del camino.

Marshall, Melinda M., *Good Enough Mothers: Changing Expectations for Ourselves*, Peterson's, Princeton, N.J., 1993.
Este libro fue de mucha ayuda para mí a medida que luchaba con expectativas poco realistas y la enfermiza culpa de trabajar fuera de casa. Marshall me ayudó a terminar con «el monstruo de la madre perfecta».

Walsh, Elsa, *Divided Lives: The Public and Private Struggles of Three Accomplished Women*, Simon & Schuster, New York, 1995.
Walsh pasó casi dos años entrevistando a mujeres con preguntas acerca de su existencia y analiza sus elecciones a medida que ellas buscan lograr un equilibrio en su vida. El enfoque principal del libro está centrado en tres mujeres extraordinarias.

Para las mujeres en el liderazgo

Fiorina, Carly, *Tough Choices,* **Penguin, New York, 2006.**
Como la primera directora ejecutiva de Hewlett Packard, Carly Fiorina atravesó por numerosos desafíos, incluso algunos relacionados con su género. Este libro es una biografía sincera y sumamente agradable.

Frankel, Lois P., See Jane Lead: *99 Ways for Women to Take Charge at Work,* **Warner Business Books, New York, 2007.**
La Dra. Frankel es una especialista en desarrollo del liderazgo y formación de equipos. Su libro está lleno de ideas y estrategias prácticas para la diaria tarea del liderazgo.

Hybels, Lynne, *Las niñas buenas no cambian el mundo,* **Editorial Vida, 2008.**
Lynne cuenta su cautivante historia de cómo abandonó el intento de cumplir lo que ella creía que eran las expectativas de Dios, su esposo, la iglesia y otros, para hacer realidad los dones únicos y las pasiones que Dios le dio. Su historia nos inspira a todas a alcanzar como mujeres nuestro máximo potencial.

Lewis, Lynette, *Climbing the Ladder in Stilettos,* **W Publishing Group, Nashville, 2006.**
Lewis ha transitado una heterogénea carrera que va desde ser licenciada en relaciones públicas y encargada de cobranza en una universidad prestigiosa, hasta ocupar un alto puesto directivo en el ámbito de la mercadotecnia. Escrito desde su perspectiva como cristiana y empresaria, ofrece una guía para la vida como mujer involucrada en el mundo laboral.

Apéndice 2

«Voz», de Jane Stephens

Vocación [...] el lugar donde nuestra más profunda alegría se encuentra con la más profunda necesidad del mundo.
— Frederick Buechner

La voz. No puedes comprarla en la tienda, pero es fundamental para las grandes empresas y un liderazgo inspirado. Es la prueba de tornasol de los valores organizacionales. Un entorno que le pide a la gente que resuelva los problemas con eficiencia mecánica, que haga lo mismo una y otra vez, encuentra la voz innecesaria y perjudicial. Un ambiente comprometido con el cultivo de nuevas ideas, mercados, productos, procesos y servicios la considera productiva. La voz es la variable que explota el modelo de escasez de la economía: cuando la usas, terminas con más, y todos pueden usarla.

¿Qué es la voz? Es difícil definirla. Mira un comercial de Nike o lee un poema de Maya Angelou y tal vez la escuches; lee el manual de tu lavavajillas y es probable que no. Bob Dole la tuvo en Saturday Night Live, pero no cuando se postuló para presidente. Se ve más a menudo en los correos electrónicos que en los informes de fin de año, pero no está en verdad relacionada con la forma ni tampoco gobernada por la audiencia. Comienza con la capacidad de ser uno mismo y crece con la capacidad de entregarle al mundo ese yo. Prospera en la cúspide de esas dos experiencias.

Apéndice 2 de Jane Stephens y Stephen Zades, Mad Dogs, Dreamers, and Sages: Growth in the Age of Ideas, Elounda Press, New York, 2003, pp. 91-107.

La voz tiene dos componentes. Se trata de aprender a estar en contacto, escuchar y confiar en tus propios instintos; se trata de enhebrar el instinto y la experiencia con el fulcro de la expresión clara y definida. Nacida en la intersección del titubeo y la certidumbre, requiere tanto presencia como vulnerabilidad. Es el primer ingrediente productivo para la individualidad y la colaboración personal, esencial no solo para cambiar el mundo, sino para cambiarse a sí mismo.

La voz es un pozo artesiano, la mejor fuente de cada persona. La más genuina energía y expresión vital que alimenta la mejor y más sabia tarea de la organización. Surge cuando trabajamos en el centro de nuestra vocación, en nuestro llamado, «el lugar donde nuestra más profunda alegría se encuentra con la más profunda necesidad del mundo».

Los líderes precisan encontrar su propia voz, sus mejores recursos, a fin de ser genuinos en medio de su organización, y necesitan invitar y acoger la plena presencia de sus colegas. Tener voz es estar plenamente presente, sentir que nos tienen en cuenta y pueden contar con uno, tener algo que decir y ser escuchado. La recompensa de trabajar en una organización en la que todos aportan su voz al trabajo es una medida plena de energía, equilibrio, comprensión y diversión.

Encontremos la voz

Una tarde en Nairobi, visité a una mujer masaii, una princesa. Su padre era el cacique de la tribu y ella era una entre cien hermanos y hermanas, hijos de diez esposas. Quedé maravillada al ver su sentido de la gracia y la dignidad a medida que hablábamos de lo que era crecer entre noventa y nueve hermanos. Su esposo llegó al patio y mientras se acercó a saludarlo, se arrodilló y arrancó un puñado de pasto. Luego explicó: «Una mujer masaii siempre ofrece pasto antes de hablar. ¿Cómo puedes hablar si vienes con las manos vacías?».

Gran parte de encontrar nuestra voz implica darnos cuenta de que no venimos con las manos vacías. Por desgracia, en nuestra urgencia de aportar algo a la conversación en el lugar de trabajo, nuestro alcance a menudo es muy poco profundo. Ofrecemos una voz estridente de falsa confianza, el parloteo de lo vacío, el suspiro de la indiferencia o el apagado eco del chisme. ¿Qué podemos recoger antes de hablar para que lo que ofrecemos sea valioso?

Todos tuvimos momentos en los que, para nuestra propia sorpresa, nos vimos hablando con poder y confianza acerca de algo que pensamos por mucho tiempo, pero sobre lo que nunca creímos que íbamos a hablar. O aun más sorprendente: nos vimos hablando con perspicacia y convicción sobre algo que nunca creíamos que nos iba a preocupar.

Algo nos provoca o nos compromete; se abre una puerta y de repente empezamos a hablar. No se trata de charlas triviales, de negocios o simples cháchara, sino de conversaciones reales sobre cosas que hemos descubierto, observado y considerado. El poder de nuestra propia voz nos sorprende. Algo se encendió. Ahora estamos trabajando y pensando de forma más rápida, más completa.

¿Qué sucedió? Por lo general, una de dos cosas. Una persona dejó en claro que en verdad quería escuchar lo que pensábamos o algo dentro de nosotros decidió que no podía callar más. Cuando esperamos que todos traigan su puñado de pasto, nos concedemos el permiso de ser escuchados.

Incorporada en la estructura de muchas compañías se encuentran una colección de gestos, suposiciones y acuerdos que le dan a toda nuestra fuerza laboral un sentimiento de que lo que ellos tienen para traer al banquete es mínimo u opcional, o solo es necesario a pedido. Necesitamos personas llenas de energía, no a veces, sino todo el tiempo. Necesitamos dejar correr el poder. Imagina la magnificación de la energía y el intercambio. ¡Una familia de cien príncipes y princesas que recogen una rica cosecha en una tierra desierta!

¿Qué hace que una voz sea auténtica?

¿Qué se necesita para una charla auténtica? No es certeza. En realidad, si sabemos con exactitud lo que vamos a decir, bien puede que esa charla sea poco auténtica, tomando prestadas ideas viejas o del repertorio de otro. Cuando sentimos que en un trabajo o una relación no nos oyen, comenzamos a hablar con nosotros mismos sobre eso... demasiado. Las palabras que no llegamos a decir en voz alta toman el control de nuestra mente. Mientras cortamos el césped o vamos por la autopista, nos hallamos ensayando una y otra vez una letanía de lo que *debería haber dicho* y lo que *podría haber dicho*.

Imaginamos estas palabras como si fueran el discurso que daremos en nuestra entrevista de salida, la última gran verdad que pronunciaremos mientras cruzamos la puerta. Sin embargo, la auténtica verdad no se dice de esa manera. No podemos ahorrar nuestra verdadera voz y los mejores pensamientos para arrojarlos en un prolijo paquete mientras nos vamos: *Los discos extras están en los cajones, las llaves en el buzón, y por cierto, nunca me gustó la forma en que administraste la oficina.*

La voz auténtica es la experiencia de hablar y no marcharse. De decir lo que sabemos y sentimos que resuena a verdad de punta a cabo, permaneciendo firme en ello. De sentirnos fuertes mientras resistimos y escuchamos las palabras y las opiniones de réplica entretanto nos mantenemos firmes en nuestra propia voz.

La misma implica no apartarse del poder, la responsabilidad y la comunidad, sino avanzar hacia ellos. Funciona como una fuerza centrífuga más que una centrípeta, moviendo todas nuestras ideas dispares hacia el centro y no lanzándolas hacia afuera. Puede comenzar como un susurro: *Bueno, estaba pensando que podía ser de este modo...* o *No estoy del todo seguro de esto...* o *Me gustaría intentarlo de esta forma...* pero a medida que avanza, va ganando fuerza.

Distintas voces

Crear lugares de trabajo, organizaciones y familias que le pidan a la gente que lleve lo mejor de sí misma al trabajo requiere una honesta auditoría de la gama de individuos que estamos preparados a albergar. Mientras enseñaba en Harvard a principios de la década de 1970, la psicóloga Carol Gilligan comenzó a revelar las formas en que los sistemas de investigación académicos habían fallado con respecto a permitir que se escuchara una variedad genuina de voces. Trabajando como docente auxiliar para los psicólogos Erik Erikson, un pensador innovador en el desarrollo de la identidad, y Lawrence Kohlberg, un pionero en la ciencia del desarrollo moral, Gilligan comenzó a notar que las jóvenes que estudiaba no encajaban en las categorías que Erikson y Kohlberg habían desarrollado.

El interés particular de Gilligan era el modo en que las mujeres de sus estudios se diferenciaban de los hombres en su enfoque de los dilemas morales según los trabajos de Kohlberg. El contenido de las respuestas era diferente, pero para Gilligan lo más interesante y difícil de evaluar con las herramientas tradicionales del método científico era cómo usaban (o no) sus voces.

Escrita en el epicentro del feminismo, el gran tsunami de nuestros tiempos —cuando grandes cantidades de mujeres ingresaban al ámbito político, profesional y académico— la obra de Gilligan resultó revolucionaria. En el momento en que su libro, *In a Different Voice: Psychological Theory and Women's Development* [En una voz diferente: teoría psicológica y el desarrollo de la mujer] se publicó en 1982, representó un llamado a un completo reajuste del estudio del comportamiento humano. Desde entonces, se han vendido cerca de un millón de copias en varios idiomas; ha dado lugar a miles de disertaciones; se han escrito libros sobre él y más libros se escribieron sobre esos libros. Ahora todo el mundo está al tanto del asunto. O algo así.

Pese a los cambios tectónicos en la manera en que cada campo ha tenido que reconsiderar sus suposiciones a fin de acomodar las formas de conocimiento de las mujeres, Gilligan siente que el aspecto más significativo de su innovadora obra no se destapó. Para ella, más que cualquier cuestión de sexo, sus estudios revelan enormes huecos en toda nuestra capacidad de hablar y escuchar a nuestras verdaderas voces.

Al pasar por alto el poder de la voz como medida y fuente de las formas de conocernos y transformarnos a nosotros mismos y a los demás, no solo estamos pasando por alto a la mujer, estamos reduciendo la realidad. Si como Gilligan propone, la voz es la veta madre del crecimiento humano y la transformación social, y no podemos comprarla ni enseñarla, tanto las empresas como las universidades deben dedicarse mejor a la tarea de entenderla.

Joe McCarthy encuentra su voz verdadera en una marca

El valor de los negocios que promueven ideas quedará determinado en gran parte por la singularidad, el estilo y el poder de la voz auténtica, así como por la capacidad de los mismos de tener acceso a ella y cultivarla a lo largo de la organización. Las visiones independientes de los grandes creadores de empresas, Stephen Jobs de Apple, Yvonne Chanard de Patagonia, Jeff Bezos de Amazon.com y Ralph Lauren de Polo están enriquecidas con distintas voces. Cada uno tiene una voz distintiva, así como cualquier persona brillante que conocemos, ya sea músico, director ejecutivo, médico, maestro, gerente, padre o amigo. Una voz auténtica atraviesa la niebla del lenguaje burocrático de un modo en que ninguna otra fuerza puede hacerlo.

La publicidad a menudo parece un ruido molesto. Las palabras insensibles se sumergen en un océano de monotonía: *Cómprame, condúceme, pruébame, por favor, o de otro modo te fastidiaré en todas partes... ¡no creas que podrás escapar, sé dónde vives!* Sin embargo, en sus mejores formas, la publicidad es el negocio de descubrir la voz.

De vez en cuando, una voz auténtica irrumpe. Es una voz diferente. Un producto o una compañía te sacude de manera apasionante y emotiva. Nike es una organización que parece abrirse paso más a menudo que la mayoría. A fin de comprender la conexión entre encontrar la voz como individuo, por más difícil que parezca, y encontrarla como una organización, recurrimos a Joe McCarthy, que dirigió el departamento de publicidad mundial de Nike durante mediados de los noventa, cuando redefinió la profundidad y el alcance de la voz de la marca para el resto del mundo empresarial.

Tal vez recuerdes algunos de los trabajos del equipo de Nike, un montaje documental en blanco y negro que mostraba a algunas muchachas diciendo:

Si me dejas practicar deportes, me amaré más. Si me dejas jugar, tendré más confianza en mí misma. Si me dejas jugar, tendré el sesenta por ciento menos de posibilidades de contraer cáncer de mamas y sufriré menos depresión. Si me dejas hacer deportes, es más probable que abandone a un hombre que me golpee. Si me dejas jugar, es menos factible que quede embarazada antes de lo deseado. Aprenderé lo que significa ser fuerte si me dejas practicar un deporte.

O haber visto a Ric Muñoz mientras corría por el parque en Los Ángeles:

Ciento treinta kilómetros por semana. Diez maratones al año. VIH positivo.

En una época en que la violencia contra las mujeres recién comenzaba a asociarse con ciertos factores sociales y ni se hablaba de los atletas gays y el VIH, Nike dijo la verdad sobre el valor y la inversión... y la dijo de forma convincente y poco sentimental. Cuando entiendes bien la verdad, retumba durante años.

El alma de la marca

McCarthy nos dio sus mejores indicios para discernir y desarrollar una marca con voz:

Descubre el alma. La esencia de la marca que va más allá de la apariencia física y el mercado es su alma. El alma incluso va más allá del corazón y la conexión emocional. Cuando la gente o las cosas tienen alma, nos damos cuenta. Esa es la diferencia entre Marvin Gaye y Michael Bolton.

Sé fiel a tus valores más importantes. El espíritu de Nike es el rendimiento y la autenticidad. El espíritu de Johnson & Johnson es la confianza y la seguridad. A menos que los vendedores entiendan por completo los valores más importantes de su marca como la base de todas las decisiones con respecto a la misma, no tienen un verdadero norte que los guíe a tomar decisiones comunicativas.

La emoción marca la diferencia. Entiende la serie de valores y emociones que la gente quiere aprovechar. Uno de los elementos que hace poderoso a Nike es que comprende que la emoción es inherente a todos los deportes, sumada a las distintivas dinámicas emocionales de cada juego.

Sé auténtico. Los consumidores pueden percibir lo que es falso y artificioso y andan a la caza de la falsificación. No se conectan con marcas que son ficticias.

Construye cajas resonantes

La voz auténtica no es especialmente fuerte. Una voz prepotente y afilada es por lo general tan falsa como la voz quejosa o la que se disculpa sin cesar. Todas estas voces emanan de un sitio más superficial que la voz auténtica. La distinción entre voces reales y voces falsas va más allá del motivo o el lugar de origen. Sin embargo, podemos oír la voz auténtica por el impacto que produce en nuestros oídos... su timbre, resonancia, distinción y autenticidad.

Entra hoy a cualquier organización y es simple ver dónde están colocadas las fichas. Ves a las estrellas de la oficina, el puñado de gente que genera todas las ideas, la influencia, el impulso y la energía. Saben hacia dónde van y viven de su capacidad. No obstante, el resto de la oficina, los de medio ánimo, parecen volverse más indiferentes y desconectados cada vez que pasa uno con mucha energía. ¡Qué intercambio ineficaz de recursos humanos!

¿Cómo hacemos para que el ánimo de nuestro equipo sea algo más real? ¿Cómo hacemos para que cada miembro de nuestro equipo trabaje como si le importara? A veces necesitan más dirección, más educación, más incentivos, mejor equipamiento o más apoyo, pero las cosas principales que nos impiden desempeñarnos como estrellas son más internas. Son cosas como el equilibrio, la energía, la gracia, la resistencia y la confianza, así como sentir que tenemos algo que ofrecer a la conversación... y que cuando lo hagamos, nos escucharán.

Resonancia

La calidad del sonido de un violonchelo se determina por la intersección de la habilidad del músico y la resonancia de la caja interna del instrumento en sí. Una organización tiene la capacidad de servir como la caja resonante de un violonchelo para su gente, mejorando o disminuyendo su fuerza y belleza de acuerdo a la resonancia con que la rodeamos.

Este «mundo interno del violonchelo o caja resonante» es el descubrimiento distintivo de la reciente obra de Gilligan acerca de las voces. Las personas que nos rodean crean una atmósfera que fomenta o distorsiona nuestra capacidad de darle voz a nuestras ideas. Mantener una caja resonante requiere diligencia de todas las partes. Lleva mucho tiempo construirla y puede colapsar en cualquier momento.

Creamos resonancia en nuestras comunidades al hablar con nuestra verdadera voz. Parece arriesgado, en especial porque sabemos lo fácil que es tocar la nota equivocada: el empleado que es demasiado alegre, el jefe que es demasiado sociable o el gerente que es quejoso. Tenemos miedo de sonar como ellos y eso nos silencia. ¡SIN EMBARGO, no suenas como ellos! Es necesario confiar en nuestros colegas para que reconozcan nuestra verdadera voz. Construir una caja de resonancia significa tener confianza tanto en los que hablan como en los oyentes dentro de nuestras organizaciones.

También significa hacer preguntas más profundas. Gilligan

observó que las personas responden a las preguntas según el nivel que se pida. Pueden responder una pregunta de una manera la primera vez y a la segunda oportunidad hacerlo de una forma distinta por completo, aun cuando la única variable es que se les pregunte por segunda vez.

Por ejemplo, un colega te dice que ya no puede trabajar con uno de los gerentes porque la oficina del sujeto es un desorden y no soporta estar allí. Tú escuchas y luego respondes: «El desorden en realidad te fastidia, ¿no? ¿Hay algo más que te moleste?». Él reconoce: «En verdad, no me preocupa tanto el desorden como el hecho de que siempre esté hablando por teléfono. Nunca levanta la cabeza para saludarme cuando entro».

El asunto pasó de ser un problema con la oficina desordenada a la falta de atención de la persona. Toda una nueva dimensión. Ambas cosas están relacionadas, pero la segunda cuestión no niega ni amplía la primera. Más bien, el hecho de que hayas escuchado con atención y preguntado más crea un nuevo espacio, una caja de resonancia menos urgente y más expectante. Lo que tu colega está diciendo es que el gerente lo hizo sentir menos importante que los asuntos de su escritorio. Antes de que te comente esto, puede que en realidad piense que el problema es el desorden de la oficina. Al pedirle que hable más, le pides que piense más, y que lo haga en formas que resuenan con más profundidad.

Dado que vivimos y hablamos en múltiples niveles de significado, a veces lo único que se necesita para pasar a un nivel distinto es volver a preguntar. Y saber que la segunda respuesta no demuestra que la primera fue una mentira, sino que reconoce la multiplicidad de las relaciones a distintos niveles. Con frecuencia podemos establecer una relación con una voz verdadera preguntando: *¿Puedes ayudarme a comprender esto? ¿Hay algo que no estoy entendiendo? ¿Qué harías si fueras tú el que tuvieras que tomar la decisión?* Escuchar es el acto de encontrarse; ser escuchado es el acto de ser transformado. A todos nos gusta que nos escuchen; tememos —y anhelamos— ser escuchados. Cuando sabemos que seremos escuchados, nos volvemos más inteligentes, más sinceros y más llenos de vida.

Escuchar el contrapunto

Más que escuchar la melodía, escoger prestarle atención al contrapunto nos permite escuchar no solo las palabras de otros grupos y culturas, sino los vastos ecos inefables de la historia y el anhelo que llevan consigo. Le damos la bienvenida a nuestro santuario interno del verdadero oír, el lugar donde elegimos nuestra realidad.

Si la voz es la elección activa de dejar en el mundo nuestra huella, escuchar es la elección de dejarnos marcar por las voces de otros. De muchas maneras, no podemos evitar ser afectados por las voces de aquellos que nos rodean. A veces tienen un efecto desgastador o endurecedor que en realidad puede entorpecer nuestra capacidad de oír, como sucede cuando estamos en un país extranjero y nos acostumbramos al fluir del idioma que nos rodea. Luego del sacudón inicial (¡sí que hablan portugués en Portugal!) no esperamos entender nada.

Cuando escuchamos a otras culturas como si escucháramos el tráfico o el clima, nos apartamos de ellas. Hacemos lo mismo cuando estamos en situaciones donde no tenemos contexto ni esperamos producir un impacto. Desarrollamos una especie de autismo cultural. Podemos oír los sonidos, pero no podemos imaginar que tengan algo que ver con nosotros... o nosotros con ellos, así que nos desconectamos. La alternativa es aprender a escuchar.

Escoger escuchar a través de las culturas

En Estados Unidos nos referimos a hablar otro idioma; en Kenya, se refieren a escuchar otro lenguaje. Los kenianos con cierta educación pueden hablar al menos tres idiomas: inglés, swahili y la lengua de su tribu, pero son capaces de «escuchar» una variedad de otros dialectos dependiendo de dónde crecieron, trabajaron y fueron a la escuela. Maya Angelou, que vivió en Ghana y Europa, escribe sobre las maneras en que el simple hecho de escuchar otro idioma amplía nuestra capacidad para concebir otra forma de ser:

> El estadounidense, que vive en este vasto país y puede atravesar cinco mil kilómetros de este a oeste usando el mismo idioma, necesita oír otros lenguajes cuando colisiona en Europa, África y Asia.

Angelou habla con fluidez seis idiomas. Y tiene oído para varios otros. Cuando viaja y habla con las personas alrededor del mundo, siempre traslada las expresiones y la música de los idiomas que escucha a su propia lengua. En la actualidad trabaja en un proyecto en el que escribe cuentos para niños de cincuenta culturas diferentes (en sus respectivos idiomas).

Cuando le preguntan cómo lo hace, responde: «Lo intento. Aprendo porque quiero. Si miro televisión, la miro en español; si elijo libros, los leo en francés. Todos nosotros podemos aprender mucho más de lo que nos damos cuenta. Yo elijo aprender idiomas porque quiero conocer a la gente».

Cuando nos cuesta escuchar

La intencionalidad, la curiosidad y el correr riesgos son esenciales para escuchar otro idioma, a otra cultura u otra persona. En los últimos años, conscientemente me he vuelto más activa con respecto a escuchar a otras culturas. De lo que me doy cuenta, por supuesto, es de lo mucho que nunca escuché, ya que jamás pensé que tuviera algo que ver conmigo.

En 1999, mi esposo médico y yo regresamos a Kenya con nuestros cuatro hijos adolescentes para pasar seis meses en un hospital rural. Al poco tiempo de llegar, comenzamos a cuidar a dos huérfanos, Bui, cuya madre había muerto al dar a luz, y Joe, que había sido encontrado a los tres días de vida en un mercado de Nairobi (un fenómeno no poco común en un continente donde el SIDA dejó huérfanos a veinte millones de niños).

Gracias a una sorprendente conjugación de buena suerte y buena voluntad, pudimos adoptar a Bui y a Joe y traerlos a los Estados Unidos como hijos. Tal como imaginas, las inmensas repercusiones en el hogar fueron significativas. El comedor se convirtió en el dormitorio de Bui, la cocina estaba abarrotada de biberones y sillas para bebés, y todavía seguimos encontrando viejos chupetes debajo de los almohadones.

Durante varios meses, el asunto del sueño y la comida opacó todo lo demás, pero al final otras cuestiones más importantes comenzaron a darse a conocer. Sabíamos que traíamos a Joe y Bui a nuestro país, pero comenzamos a darnos cuenta de que ellos nos llevarían a un nuevo país también.

Hace poco escuché hablar a la Dr. Angelou en una boda. Ella dijo: «Cuando nos casamos, no lo hacemos como individuos; casamos historias». A veces, durante el caótico primer año de la llegada de Joe y Bui, nos impresionó el hecho de que al adoptar niños africanos para que formaran parte de una familia estadounidense hayamos casado historias. Nuestros hijos, nietos y bisnietos crecerían siendo afroamericanos en un mundo aún inclinado hacia el privilegio de los blancos. Si esperábamos que crecieran con gracia en semejante mundo, el resto de nuestra familia necesitaba aprender a vivir con gracia en un mundo negro.

Mirábamos a nuestro alrededor y nos dábamos cuenta de lo poco que sabíamos. Nuestros libros, las aulas, el vecindario y la iglesia estaban compuestos en su mayoría por gente blanca. Ni siquiera podía conseguir productos para el cabello de Bui en la farmacia de la zona. Comenzamos a hacer cambios dondequiera que pudimos. Nos suscribimos a *Oprah y Jet*, y también a *Time y Good Housekeeping*. Comenzamos a visitar iglesias de gente de color, donde escuchábamos sobre actividades para negros y a oradores negros.

Siempre habíamos conocido a personas de color, pero esto era distinto. Por primera vez estábamos comenzando a conocer a la gente negra en un contexto negro. Estábamos comenzando a escuchar acerca de la historia, la política, la religión y la economía de un modo en que nunca lo habíamos hecho antes, y empezamos a darnos cuenta de lo mucho que nos habíamos perdido. Al escribir esto ahora, corro el riesgo de equivocarme, aunque para el momento en que lo leas, espero estar escuchando mucho mejor al mundo afroamericano. No obstante, algunas de las lecciones que estoy aprendiendo son:

La buena voluntad que se extiende hacia un aprendiz genuino es recompensa suficiente para que el aprendiz continúe escuchando.

No empezamos a entender en realidad nuestro propio idioma hasta que comenzamos a aprender otro. Lo que es más, nuestra incapacidad para ir contra la corriente de nuestra propia cultura nos hace intelectualmente menos eficaces en múltiples campos.

Si Joe, mi hermoso hijo de cinco años y ojos marrones, comete la mitad de los errores que mis tres hijos adolescentes de ojos azules cometieron, no se librará de ello. Y cuando tropiece, engañe o se vea atrapado en cualquier problema que un adolescente hereda, necesitará una profunda historia de la fe afroamericana, así como también el cultivo diario de su propia fe, a fin de que pueda atravesar los peligros mortales y las tentaciones de la discriminación racial.

Pese a nuestras vidas tan ocupadas, todos extrañamos escucharnos más a menudo. Estoy abriéndome paso a fin de escuchar mejor a una cultura. Y haciéndolo, descubrí una creciente corriente subyacente de otros que de repente toman conciencia de las conversaciones que se perdieron durante toda su vida: *¿Dónde estaba cuando todo esto comenzó? ¿Por qué nunca escuché hablar de esto en la escuela? ¿Lo hemos sabido por mucho tiempo?* Oímos por primera vez mundos enteros de ideas debido a que elegimos hacerlo. Dos cuestiones reposan en el centro de nuestro cinismo nacional con respecto a lo que se considera a nivel político un comportamiento correcto y una capacitación multicultural:

Un problema de entrega. Mucho antes de que muchos de nosotros hayamos elegido escuchar las verdaderas preguntas de la desigualdad cultural, ya las respuestas nos han sido enseñadas. Existe una sobreabundancia en la oferta de lo que es políticamente correcto y muy pocas ansias de comprensión transcultural. La oferta extingue la demanda. Ningún plan de estudios ni taller de capacitación puede sustituir el poder de la elección o las ansias de saber. Todos podemos aumentar nuestras ansias de comprender (así como también el interés por otros) a través de actos independientes y contagiosos de atención transcultural.

Y un problema de concepción. Nos excusamos del trabajo de aprender la verdadera teoría cultural jugando la carta del «Yo», la cual protesta: *Todos somos individuos y cuando hablamos de sexo, raza o cultura, reducimos los individuos a clases*. Un punto de vista consolador, pero que puede demostrarse como equivocado. La verdad es que a medida que aprendemos más sobre los valores y las historias de las culturas, somos más capaces de oír a los individuos que están dentro de ellas. No escuchamos simplemente a los individuos, escuchamos sus historias. Poder imaginar esas historias, semejantes y distintas a las nuestras, es el primer paso inquietante a fin de escucharlas.

Elegir escuchar a través de las organizaciones

Las investigaciones revelan que a medida que los líderes empresarios avanzan en la cadena alimenticia, cambian culturas y comienzan a hablar un idioma distinto. Con frecuencia pierden la capacidad de *escuchar,* no solo las opiniones, sino las voces, anhelos e idiomas verdaderos que rodean el trabajo y el intercambio en sí que están dirigiendo.

Un director ejecutivo conoce la declaración de la visión de su compañía, pero no puede escuchar el rugido de las fallas y la frustración del fracaso en la caja registradora. Esta pérdida auditiva se presenta también en forma lateral. ¿Qué sucedería si la facultad de una universidad pudiera escuchar los desafíos diarios del departamento de admisión? ¿Qué pasaría si recursos humanos supiera lo que la nueva división de negocios sabe? ¿Qué tal si la gerencia supiera lo que sabe el área de mantenimiento? El frecuente incalculable costo del poder es la pérdida del acceso directo a escuchar aquello que necesitamos saber.

Escucha las malas noticias

Las formas en que los líderes fracasaron con respecto a escuchar las malas noticias son épicas... desde George Custer hasta Arthur Anderson. Evidentemente, todos necesitamos desarrollar hábitos regulares y canales de confianza para oír lo que no queremos saber. ¿Mi visión es clara? ¿Está controlado mi ego? ¿Me estoy distrayendo con cosas sin importancia? ¿Mis heridas personales están debilitando mi liderazgo? ¿Paso por alto las señales de peligro? ¿Interfiero en los intereses de otro? ¿Estoy cumpliendo mis promesas?

Siempre hay malas noticias y no me sorprende que no queramos escucharlas. Siempre habrá personas que nos desilusionarán. Tanto los líderes como sus seguidores están atrapados en el hueco que existe entre todas nuestras esperanzas de tener un líder perfecto y el líder de carne y hueso que terminamos teniendo. Juntos debemos llegar a una definición continuamente renovada de lo que es un líder «lo suficiente bueno». A medida que aprendemos a escuchar y dar malas noticias como parte del continuo manejo de los inevitables contratiempos y desilusiones, el intercambio se torna menos tóxico y más normal. Ambas caras del eje administrativo pueden participar del proceso de crear «líderes lo suficiente buenos».

... Y las buenas

No obstante, el valor de aprender a escuchar las buenas noticias a través de los niveles de autoridad y las divisiones de responsabilidad es tan importante como aprender a escuchar las malas noticias. Y es difícil hacer esto en lugares de trabajo cada vez más compartimentados en el conocimiento de la economía y una sociedad cada vez más segmentada fuera de los lugares de trabajo.

Hasta cierto grado, la sociedad contemporánea ha cambiado el grillete de la autoridad patriarcal por la nueva tiranía de la rivalidad entre hermanos. Ya no escuchamos la misma música, usamos la misma ropa ni vamos al mismo cine. El lado negativo de esto es que un hombre de veinticuatro años puede estar enfrascado en el mismo problema en el que su colega de cuarenta y seis está trabajando, pero son incapaces de transmitirse información entre sí porque no se dan cuenta de que van para el mismo lado.

El verdadero acto de escuchar conduce de modo inevitablemente al cambio. Y el cambio es inquietante. Sin embargo, es solo por medio del obrar de lo inquietante que en definitiva le damos lugar al crecimiento.

A menos que elijamos hacerlo de otra manera, será mucho más lo que perderemos que lo que escuchamos. No obstante, cuando los que hablan son valientes, la caja es resonante y las melodías ricas y diversas, el ciclo de escuchar y hablar puede ser maravilloso... más que cualquier cosa que podamos cultivar en silencio.

Apéndice 3

Manifiesto sobre el rol del hombre y la mujer en el liderazgo
Willow Creek Community Church

Creemos que la Biblia enseña que el hombre y la mujer fueron creados por Dios a su imagen (Génesis 1:27). La intención de Dios fue que formaran una unidad y una comunidad (Génesis 2:23-24), tal como la Divinidad experimenta una unidad en la Trinidad. Cada uno disfrutaba de una relación directa con Dios y participaban juntos de las responsabilidades de criar a los hijos y tener autoridad sobre todo lo creado (Génesis 1:26-28). Sin embargo, esta unidad fue deshecha debido a la Caída. La lucha por el poder y el deseo de «gobernar» a otro es parte del resultado del pecado de la humanidad. Génesis 3:16 es más una predicción de los efectos de la Caída que una prescripción del orden ideal de Dios.

No obstante, Dios ha actuado en Cristo para redimir a la raza humana y ofrecerles a todos la oportunidad de ser parte de la Nueva Comunidad, su iglesia. Es la intención de Dios que sus hijos disfruten de la misma unidad que existe entre el Padre y el Hijo (Juan 17:11,20-23). Esto significa que todas las antiguas divisiones y jerarquías entre razas y sexos no pueden ser toleradas en la iglesia donde todos somos «uno solo en Cristo Jesús» (Gálatas 3:28).

Cuando tuvo lugar la formación de la iglesia en Pentecostés, el Espíritu Santo fue derramado de igual manera sobre hombres y mujeres como había sido predicho mucho antes de la venida de Cristo (Joel 2:28; Hechos 2:18). En el Nuevo Testamento, tanto mujeres como hombres ejercían funciones proféticas y sacerdotales (Hechos 2:17-18; 1 Corintios 11:4-5; 1 Pedro 2:9-10). Además, el Espíritu en su soberanía les concede dones a todos los miembros de la Nueva Comunidad, sin darle a ninguno en particular un trato preferencial según el sexo (Hechos 2:1-21; 1 Corintios 12:7,11). Cada creyente debe ofrecer sus dones en beneficio del cuerpo de Cristo (Romanos 12:4-8; 1 Pedro 4:10-11). Impedir a los creyentes que ejerciten sus dones espirituales es apagar la obra del Espíritu.

En todos nuestros intentos de poner en práctica de forma apropiada las relaciones entre hombres y mujeres en el cuerpo de Cristo, nuestra única autoridad es la voluntad de Dios como está revelada en su Palabra. Solo algunos textos bíblicos aislados parecen restringir la libertad de las mujeres en el ministerio. La interpretación de estos pasajes debe tener en cuenta su relación con el resto de las enseñanzas bíblicas y sus contextos específicos. Creemos que cuando la Biblia es interpretada en su totalidad, enseña la igualdad entre hombres y mujeres en estatus, dones y oportunidades para el ministerio.

Es por eso que, en nuestros intentos de vivir juntos como una comunidad que funcione bajo preceptos bíblicos, nos comprometemos con los siguientes principios:

Ofrecer oportunidades para el ministerio sobre la base de los dones espirituales y el carácter, sin importar el género.

Buscar la clase de pureza y lealtad en las relaciones entre hombres y mujeres que llevaron a los escritores del Nuevo Testamento a describirlos utilizando términos del ámbito familiar: «hermanos y hermanas».

Usar una sensibilidad en el lenguaje que refleje el honor y el valor que Dios desea para hombres y mujeres, fomentando también el uso de traducciones bíblicas que reflejen con precisión la voluntad de Dios de que su iglesia sea una comunidad global.

Tener la intención de superar las actitudes sexistas de nuestra cultura y estimular a las mujeres a que participen en áreas donde el ejercicio de sus dones ha sido tradicionalmente desalentado.

Enseñar y ejemplificar estos principios ante los miembros de nuestra comunidad, la iglesia y todo el mundo.

Para un estudio más profundo y completo de los pasajes bíblicos clave acerca de este tema, recomendamos:

Beyond Sex Roles, Gilbert Bilezikian
Becoming a Woman of Strength, Ruth Haley Barton
Equal to Serve, Gretchen Hull
Paul, Women, Wives, Craig Keener
The New Reformation, Creg Ogden
Beyond the Curse, Aida Spencer

Apéndice 4

Preguntas frecuentes

1. Tengo fuertes dotes de liderazgo, pero estoy casada con un hombre que no tiene mis mismos dones. ¿Cómo funciona esto en el matrimonio?

Esta ha sido mi experiencia. Si bien mi marido es distinguido por los que lo conocen como una persona de fuerte influencia y ha liderado varios y distintos ministerios en nuestra iglesia, él no considera el liderazgo como uno de sus dones más importantes. Warren es muy analítico y estratega, y procesa la información de una forma distinta a la mía. Tengo una mente ágil y me gusta tomar decisiones más rápido que él. Si no soy cuidadosa, puedo ser manipuladora en mi liderazgo y «gobernar» con sutileza para obtener lo que quiero.

Por lo tanto, ¿cómo manejamos la creencia que muchos cristianos tienen de que el hombre es la «cabeza del hogar»? ¿Necesita el hombre tener la última palabra en todas las decisiones que se toman en una familia? Reconozco que hay muchos puntos de vista sobre este tema tan delicado. Al comienzo de mi matrimonio, leí el libro *Heirs Together: Mutual Submission in Marriage* [Coherederos: Sumisión mutua en el matrimonio], de Patricia Gundry (Zondervan, 1980). Creo que ambos, marido y mujer, son llamados a someterse el uno al otro en Cristo. En nuestro matrimonio, Warren y yo nos esforzamos por escucharnos y llegar a un consenso en las decisiones que tenemos que tomar. Nuestra realidad de todos los días no incluye la idea de que uno de nosotros es el que siempre debe ganar o tiene la última palabra. Más bien, buscamos decidir juntos después de escuchar al Espíritu Santo y nuestros puntos de vista. Con honestidad, no puedo recordar ni una sola vez en la que Warren me haya dicho: «Yo soy el marido, la cabeza del hogar, así que las cosas se van a hacer así».

Estar casada con alguien que no tiene el don del liderazgo ha sido un desafío para mí. Debo someterme primero y antes que nada a la obra del Espíritu en mi vida para poder mostrar características como la humildad, la amabilidad y el dominio propio. Warren me ha ayudado en mi crecimiento espiritual pidiéndome cuentas si yo comenzaba a desviarme hacia la manipulación o la confabulación. Aprender estas lecciones en mi hogar enriqueció mi liderazgo en el ministerio al tratar con personas que tampoco se definen como líderes.

2. Soy una mujer joven que recién comienza su liderazgo en la iglesia. ¿Qué diferencias crees que existen entre mi realidad hoy y la que te tocó vivir hace diez o quince años atrás?

Sin duda que cada situación es única, pero mi impresión es que si bien se ha logrado cierto progreso para las mujeres a fin de que puedan utilizar sus dones a plenitud, aún tenemos un largo camino por recorrer en la mayoría de las iglesias. Por lo general, a la cultura de la iglesia le lleva mucho tiempo ver un cambio significativo, en especial cuando se relaciona con temas en los que la gente fiel sostiene diferentes interpretaciones de las Escrituras y cuando las tradiciones se han sostenido con firmeza por un largo tiempo. Me alegro de que haya iglesias sensibles donde hombres y mujeres sean libres para liderar y enseñar sin ningún problema (cualquiera que tenga los dones y sea reafirmado puede ministrar).

Si recién estás empezando a involucrarte en una iglesia, te aliento a que observes con cuidado las oportunidades que se les dan a las mujeres. Además, asegúrate de investigar los principios escritos con respecto al género y el liderazgo en esa iglesia en particular o su denominación. En algunas iglesias, la realidad no coincide con las políticas escritas. También observa las enseñanzas en tu iglesia. ¿Cómo se abordan las cuestiones de las mujeres en el liderazgo si las hay? ¿Cómo se describe a las mujeres y de qué forma las tratan los maestros y líderes del sexo masculino? ¿Las mujeres guían y enseñan a la congregación en general o están limitadas a enseñar a otras mujeres o a los niños? ¿Hay alguna mujer que lidere hombres del equipo pastoral o que trabajen como voluntarios?

Con frecuencia se cita a Gandhi diciendo: «Sé el cambio que quieres ver en el mundo». Mi desafío para ti como mujer joven en el liderazgo es que aproveches cualquier oportunidad para liderar o enseñar en tu iglesia, sin importar el tamaño del equipo o la audiencia, y muestres autenticidad, gracia, sabiduría, carácter y excelencia en todo lo que hagas. ¡Que Dios abra cualquier puerta que tenga que ser abierta para ti y que otros (hombres y mujeres) vean perfectamente natural que lideres y enseñes!

3. Un hombre bajo mi influencia a menudo manifiesta cierta resistencia a mi liderazgo. ¿Cómo debería manejar esto?

En un caso ideal, estas situaciones difíciles podrían evitarse si los líderes de mayor rango comunicaran la política de la iglesia con respecto al rol de las mujeres en el liderazgo antes de que alguien sea contratado y acepte formar parte del equipo pastoral o ser voluntario. En nuestra iglesia, los ancianos incluyen en cualquier entrevista a un posible empleado conversaciones acerca de nuestro apoyo tanto a los hombres como a las mujeres líderes. Si una persona no puede someterse con respeto a una mujer en el liderazgo, o recibir enseñanzas de una mujer, no será contratada. Aclarar las expectativas desde un principio es lo mejor.

Sin embargo, en muchas situaciones estas conversaciones no tienen lugar, y muchas iglesias pasan por complicadas transiciones a medida que más mujeres asumen roles que antes eran ocupados por hombres. En medio de la realidad diaria de cumplir con los distintos ministerios, las profundas convicciones sobre cómo interpretar pasajes bíblicos difíciles, así como también las tradiciones con las que muchos crecieron, resultan en fricciones y resentimientos. El primer paso a seguir es sacar a relucir el problema y tener una conversación con este hombre que se resiste a tu liderazgo. Dale la oportunidad de explorar a tu lado por qué actúa de esa forma, y escúchalo con atención. Existen muchas posibilidades de que haya tenido experiencias en el pasado que han moldeado su punto de vista y quizás lo hayan vuelto en contra de las mujeres en el liderazgo. Necesitarás descansar en el apoyo de tus propios líderes si el hombre no cede, y probablemente invitar al diálogo a un tercero (ya sea a tu supervisor o un anciano) si es necesario. Si esta es una situación con alguien del equipo pastoral, mi consejo es que registres y documentes las conversaciones que mantengan.

Mi experiencia ha sido que la mayoría de los hombres que tienen conflictos con una mujer líder están dispuestos a cambiar su punto de vista cuando comienzan a ver que sus peores temores no tienen por qué hacerse realidad. Cuando les demuestras a los hombres que forman parte de tu equipo que estás ahí para ellos, que no eres una mujer buscando poder ni afanada por seguir un programa, la mayoría de las veces te darán una oportunidad. Con aquellos pocos que no abrirán sus mentes ni sus corazones, debes reconocer que esto no tiene que ver contigo personalmente, sino que es más bien un punto de vista general que no están dispuestos a ajustar. En este caso, los líderes que están por encima de ti te apoyarán y este hombre necesitará que lo trasladen del equipo. Él mismo puede decidir no ser más un miembro activo de tu iglesia a causa de las diferencias en su punto de vista.

4. ¿Cuán importantes son los títulos en el trabajo? ¿Vale la pena presionar para obtener los mismos títulos que los hombres que cumplen igual rol que nosotras?

He escuchado de situaciones en las que una mujer realiza el mismo trabajo que un hombre dentro del equipo de la iglesia, pero no puede llevar el título de pastora o ministra, de modo que se le llama directora o se le da algún otro título. A riesgo de parecer trivial, creo que los títulos sí importan. La gente basa sus percepciones del rol de una persona y sus responsabilidades en estos títulos, y pueden asumir que una mujer no tiene la autoridad de líder si su título es totalmente diferente al de los hombres en la misma posición.

Los títulos, las decisiones salariales y las ubicaciones en las oficinas son aspectos desencadenantes que llevan a un grupo a debatir sobre el profundo tema de las mujeres en el liderazgo y el rol de la mujer en la enseñanza. Cuando un título tiene que ser anunciado, debe decidirse el monto de un salario o proveerse una oficina, descubrimos que en verdad creemos en la diferenciación de géneros y nos encontramos en un punto crucial. Por eso, estas ideas prácticas (que por supuesto todos desearíamos que no fueran tan importantes) nos impulsan, si somos sabios, a necesarias conversaciones profundas. Si una iglesia comienza a moverse hacia una visión más igualitaria de las mujeres en el liderazgo, el cambio llevará tiempo y algunos de esos cambios demostrarán ser muy difíciles de lograr. Los líderes principales descubrirán si en realidad creen lo que dicen cuando se vean forzados a tomar decisiones acerca de cuestiones prácticas como lo son los títulos.

En las iglesias que sostienen una visión más conservadora o tradicional, los títulos pueden ser distintos según el sexo. Una mujer que tiene las mismas responsabilidades que un hombre y hace el mismo trabajo (posiblemente con menor paga) tendrá que trabajar más duro para servir con gozo y humildad. Pregúntate con regularidad si esto es lo que Dios te ha llamado a hacer. Si este es tu llamado, Dios te dará la gracia para ser fiel sin que importen las circunstancias que te toque vivir. Sin embargo, no continúes en esta situación solo por miedo a hacer las preguntas difíciles. Quizás seas la persona que Dios usará como agente de cambio.

5. ¿Cómo puedo hacer a fin de tener tiempo para todo: las responsabilidades ministeriales, el ejercicio físico, el tiempo con la familia, la administración del hogar, el tiempo con los amigos, los momentos de soledad, y las responsabilidades diarias como cambiarle el aceite del auto e ir al dentista?

Mi esposo y yo nos hacemos bromas acerca de que somos adultos con poco tiempo en casa y necesitamos con desesperación un mayordomo o una sirvienta. Si sumáramos las horas requeridas para hacer todo lo que sabemos que «deberíamos» hacer cada semana, nadie dormiría ni siquiera un instante (y los expertos aconsejan tener al menos ocho horas de sueño). Por eso, mucho de lo que significa administrar nuestras vidas comienza con ajustar nuestras expectativas y no ser muy duros con nosotros mismos, en especial en ciertas etapas de la vida.

El año más difícil de nuestra vida matrimonial fue el que siguió al nacimiento de nuestra segunda hija. Con una niña de cuatro años y una bebita, mi esposo y yo no sabíamos cómo cumplir con nuestros ministerios y vivir sin perder la cabeza. Un día nos dimos cuenta de que en algún punto a lo largo del camino ambos habíamos «dejado de pertenecer al mismo equipo». En los preciosos y escasos momentos discrecionales, cualquiera de nosotros mostraba resentimiento hacia el otro: «¿Por qué pudiste hacer ejercicio físico cuando yo no pude hacerlo en toda la semana? ¿Cómo puede ser que hayas tenido la posibilidad de reunirte con tus amigos y yo no?». Para mostrar lo patético que esto se volvió, te diré que recuerdo haber caminado mucho más lento hacia el almacén mientras Warren estaba en casa con las niñas, solo porque necesitaba con desesperación tener tiempo para mí sola.

Una vez que reconocimos lo absurdo de la situación, y como ninguno de nosotros estaba en realidad «ganando» con esta clase de comportamiento enfermizo, tuvimos una conversación honesta y decidimos volver a pertenecer al mismo equipo. Decidimos volvernos aficionados el uno del otro, así quizás ambos podíamos «ganar» al menos algo de tiempo. Una vez cada tanto, sacábamos nuestras agendas para hablar de nuestros compromisos. Warren aun le teme a nuestras «reuniones de calendario», pero sabe que si no tenemos esas conversaciones, ambos nos comprometeremos con más de lo que podemos y nuestras vidas se volverán inmanejables.

Quizás te sirva releer de vez en cuando el capítulo cinco y acordarte de que nadie puede tenerlo todo a la vez. Con los años, he hecho incontables reajustes con respecto a cómo limpiar mi casa, cuán seguido veré a mis amigos, cuánto tiempo puedo ofrecer para colaborar en las actividades escolares de mis hijas y otros voluntariados. Si eres soltera o estás casada y sin hijos, tu vida también es compleja y difícil de llevar, aunque tus desafíos específicos sean diferentes. Y a las madres solas, quiero decirles que son héroes en mi libro, y que espero que encuentren gracia para sí mismas con cada vuelta de página.

6. Soy parte de una iglesia (y denominación) en la cual la posición de la mujer como líder y maestra es más conservadora. ¿Qué pasos puedo seguir para instar a los líderes de la iglesia a revisar esta postura? ¿Debería rendirme y buscar otra congregación en la que pueda servir con libertad?

Al final del capítulo dos (páginas 41 - 43), describo el consejo que le daría a una mujer con un dilema similar al tuyo. Voy a añadir un par de pensamientos más a ese material en estas líneas.

Nada cambia a menos que personas piadosas estén dispuestas a involucrarse en conversaciones difíciles que lleven al cambio. Es evidente que estas conversaciones requieren valor y tiempo. Te aliento primero a que hagas tu tarea. Asegúrate de entender totalmente la posición de tu iglesia con respecto a la diferenciación de los sexos y los dones del liderazgo y la enseñanza. Para estar segura de tener un panorama completo de esto, se necesita buscar cualquier política escrita e investigar qué es lo que en realidad sucede en el día a día de cada ministerio. En la mayoría de las situaciones, la cultura de una iglesia se ve sumamente afectada por las perspectivas personales del pastor a cargo, así que asegúrate de entender también ese punto de vista individual.

Una vez que has hecho tu tarea, comienza el proceso de invitar al diálogo preguntándoles a las personas indicadas si estarían dispuestas a reunirse contigo. Dependiendo de tu situación particular, esto puede incluir a los ancianos, los diáconos o los principales miembros del equipo pastoral, y por supuesto al pastor responsable. Haz buenas preguntas para discernir la exactitud de tus impresiones acerca de la posición de la iglesia. Por ejemplo, investiga qué limites, si los hay, existen para las mujeres con dones de liderazgo y enseñanza usando una situación hipotética: «¿Podría haber alguna mujer sirviendo como pastora responsable de esta iglesia, anciana o pastora asociada?». Luego pregunta si hay alguna disposición a reconsiderar esas políticas, comenzando con el estudio de algunos libros u otros recursos para explorar distintos puntos de vista e interpretaciones de las Escrituras. Un buen comienzo podría ser escuchar la serie de cuatro mensajes de John Ortberg llamada «What the Biblie Says about Men and Women» [Lo que dice la Biblia con respecto al hombre y la mujer] (véase Recursos Adicionales, página 175). Quizás puedas recopilar varios capítulos específicos de distintos libros y leer el capítulo siete de este libro.

Prepárate para un largo camino. En la mayoría de las iglesias este proceso —desde la disposición al diálogo hasta el inicio de los cambios— lleva muchos meses, si no años. Pídele al Espíritu Santo que te dé el discernimiento para saber el momento justo en que debes continuar con este proceso y cuándo detenerte por un tiempo. Es evidente que a lo largo del camino querrás mostrar el carácter que constantemente «habla la verdad en amor» y evitar palabras duras o calumniadoras.

Dios puede utilizarte como catalizadora del cambio en tu iglesia y tal vez en tu denominación. O quizás termines frustrada por completo y no veas ni un mínimo progreso. En cualquier momento, el Espíritu te dará libertad para trasladarte a una iglesia donde la batalla no sea tan ardua. Nadie puede decirte cuál es el camino que Dios tiene para ti, pero te aliento a seguir y saber que serás bendecida mientras busques escuchar la voz de Dios y con valentía obedezcas lo que escuches.

7. Tengo una hija pequeña que muestra señales de ser líder. ¿Qué consejo puedes darme?

No importa qué dones manifiesten nuestros hijos, debemos afirmar esos dones y ayudarlos a que los desarrollen. Mira a tu hija a los ojos y dile lo que ves en ella. Menciónale el don del liderazgo o la enseñanza y hazle saber que está bendecida por Dios y que él le ha confiado esos dones. Aprovecha cada oportunidad que tengas a diario para ver en acción esos dones de tu hija, y luego comunícale lo que viste: «Me di cuenta de cómo trataste a tus amigas hoy en tu fiesta de cumpleaños, y de la forma en que intentaste incluir a todos. ¡Eso fue un buen liderazgo!». Mientras crezca, la puedes ayudar a entender que estos dones implican una gran responsabilidad.

Mucho se ha escrito acerca de cómo los padres tratan de socializar de manera diferente a sus hijos o hijas, y cómo esto termina afectando sus decisiones sobre sus carreras o comportamientos. Me deleito en cómo estamos aprendiendo que las niñas pequeñas pueden sobresalir en los deportes (como mis hijas lo hacen) y moverse entre las ciencias y la política o cualquier campo de estudio que ellas elijan. Tu hija necesita ver mujeres liderando en una variedad de contextos. Puede ser intencional de tu parte escoger a una mujer para que sea su pediatra o su entrenadora. Si en tu iglesia no hay mujeres que ocupen un rol visible en el liderazgo o la enseñanza, lleva en ocasiones a tu hija a alguna iglesia donde sí las haya. ¡Serás una mujer que forje una visión! Aliéntala a que sueñe con todas las posibilidades y maneras en que sus dones pudieran ser puestos en práctica en un futuro.

Entrena a tu hija con cuidado (sin amargura) para que pueda reconocer cuándo las niñas son tratadas de forma diferente a los niños y cuándo esto es injusto. Puedes hacerlo mientras ves televisión con ella y señalas ciertos estereotipos, o miras alguna revista y aprendes cómo se espera que las niñas encajen en un modelo de cuerpo irreal. Inicia conversaciones con tu hija sobre cuál es su aporte en las clases cuando está en la escuela, y si alguna vez intenta esconder su inteligencia o habilidades. Muéstrale biografías de grandes mujeres en distintos ámbitos a fin de ofrecerle muchos modelos que la inspiren.

Cuando mis hijas mostraron interés y habilidades en alguna rama del arte, comencé a hablarles más acerca de lo que yo experimenté en el día a día como líder de un equipo de artes escénicas. Después de los servicios en la iglesia, dialogaba con ellas para comentar lo que habíamos visto, tratando de desarrollar sus instintos sobre qué captó la atención de la congregación y qué faltó. Muchas veces asistimos a producciones de teatro profesionales para inspirarnos y aprender teniendo en cuenta su ejemplo. Además, le pido a mis hijas que me den su evaluación cada vez que me toca enseñar, así puedo beneficiarme de sus opiniones y ayudarlas a desarrollar sus propias habilidades de comunicación.

Si el padre de tu niña aún vive y forma parte de su vida, él tiene un rol muy importante en la edificación de la imagen propia de tu hija y su confianza en sí misma. Me encanta mirar a mi esposo cuando entrena a mis hijas en los deportes, ya que saca a relucir un lado totalmente distinto de ellas y las alienta a demostrar una competencia y una agresividad sanas.

Puede ser muy difícil como padres evitar nuestras tendencias a controlar y tratar de hacer encajar a nuestros hijos en un cierto molde. Intento no hacer conjeturas acerca del futuro de mis hijas. Es posible que se casen algún día o permanezcan solteras, y quizás sean o no madres alguna vez. Quiero que sepan que sus vidas pueden ser abundantemente plenas y muy satisfactorias sin importar cuáles sean las circunstancias que les toque vivir.

Por supuesto, lo mejor que puedes hacer es mostrarle con tu propio ejemplo lo que es un liderazgo piadoso. Ninguna de nosotras logra esto a la perfección, pero cuando tu hija te ve en acción, cuando observa tu pasión y la forma en que administras tus propios dones, cuando entiende que tu vida completa y tu felicidad no están conectadas a la maternidad (aunque eso sea realmente importante), entonces será cada vez más libre para convertirse en todo lo que Dios tiene en mente para ella. Permítele saber cuándo cometes errores, te sales de las casillas e incluso te sientes frustrada. Ella no necesita verte como una superestrella, solo como una mujer que hace lo mejor que puede. ¡Y algún día (así me dijeron), se levantará y te llamará bienaventurada!

Notas

1. Anna Fels, *Necessary Dreams*, Panthenon, Nueva York, 2004, p. 193.
2. Dr. Henry Cloud, *Integridad*, HarperCollins, Nueva York, 2006, p. 8.
3. Amy Poehler, citado en Maureen Ryan, «Tina Fey's climb to the top of the comedy heap», *Chicago Tribune*, 30 de septiembre de 2007.
4. Anna Fels, *Necessary Dreams*, Panthenon, Nueva York, 2004, p. 19.
5. Dra. Sarah Sumner, *Men and Women in the Church*, InterVarsity, Downers Grove, 2003, p. 74.
6. Melinda M. Marshall, *Good Enough Mothers*, Peterson's, Princeton, N.J., 1993, p. 91.
7. Marshall, *Good Enough Mothers*, p. 47.
8. Donna St. George, «Hey, Mom, you are doing fine, study says», *Chicago Tribune*, 21 de marzo de 2007.
9. Dr. Henry Cloud y Dr. John Townsend, *Boundaries with Kids*, Zondervan, Grand Rapids, 1998, p. 117.
10. Jane Stephens, «The Rhetoric of Women's Leadership: Language, Memory, and Imagination», *Journal of Leadership and Organizational Studies* 9, No. 3, 2003, pp. 45-60.
11. Jane Stephens y Stephen Zades, *Mad dogs, Dreamers, and Sages: Grouth in the Age of Ideas*, Elounda Press, Nueva York, 2003, p. 92.
12. Stephens y Zades, *Mad Dogs*, p. 94.
13. Frederik Buechner, *Now and Then*, Harper & Row, San Francisco, 1983, pp. 87, 92.
14. Parker Palmer, *The Courage to Teach*: Exploring the Inner Landscape of a Teacher's Life, Jossey-Bass, San Francisco, 1998, p. 17.
15. Craig Blomberg, *Two Views on Women* in Ministry, Zondervan, Grand Rapids, 2005, p. 123.
16. Dan Kimball, *Jesús los convence, pero la iglesia no*, Zondervan, Grand Rapids, 2007, p. 115.
17. Dr. Lois P. Frankel, *See Jane Lead*, Warner Business, Nueva York, 2007, p. 20.
18. Frankel, *See Jane Lead*, p. 20.

19. Betsy Cohen, *The Snow White Syndrome*, Macmillan, Nueva York, 1986, p. 41.
20. Citado en Betsy Cohen, *The Snow White Syndrome*, Nueva York, Macmillan, 1986, p. 17.
21. Citado en Cohen, *The Snow White Syndrome*, p. 234.
22. Lynne Hybels, *Las niñas buenas no cambian el mundo*, Editorial Vida, 2008, p. 98.
23. Lynette Lewis, *Climbing the Ladder in Stilettos*, Thomas Nelson, Nashville, 2006, p. 158.

Acerca de la autora

Nancy Beach es conferencista, escritora, líder visionaria y defensora del poder de las artes y los artistas en la iglesia local. Sirvió por más de veinte años como directora de programación en la iglesia Willow Creek Community Church, ubicada en los suburbios de Chicago, una congregación reconocida mundialmente por tener servicios de gran relevancia desde el punto de vista cultural, basados en la Biblia y que usan el arte como herramienta.

Dedicada a crear oportunidades para que los artistas en la iglesia utilicen sus talentos a fin de lograr un ministerio eficiente, su rol en Willow Creek incluyó el liderazgo en todas las áreas del arte: adoración, música, teatro, danza, fotografía, producción, vídeo y diseño. En la actualidad, Nancy continúa sirviendo como pastora de enseñanza en Willow Creek mientras también se desempeña como vicepresidenta ejecutiva de artes escénicas en la Asociación Willow Creek, una organización sin fines de lucro que sirve a más de doce mil iglesias miembros de la organización y otras, representando a más de noventa denominaciones en treinta y cinco países. Esta responsabilidad le permite a Nancy enfocar la mayoría de su tiempo en brindar sus servicios a líderes de artes escénicas de otras iglesias y a sus respectivos equipos en los Estados Unidos y alrededor del mundo, forjando una comunidad de artistas seguidores de Cristo que buscan servir a Dios mientras crean momentos transformadores durante los cultos de los domingos por la mañana.

Nancy, además de dictar numerosas conferencias, usa sus talentos como maestra para inspirar, motivar y proyectar la visión, mientras con habilidad relaciona temas de transformación espiritual con personas y experiencias comunes. Su primer libro, *An Hour on Sunday* [Una hora el domingo], revela la visión principal y los criterios de Nancy para lograr ministerios de artes escénicas eficaces.

Nancy y su marido, Warren, viven en los suburbios de Chicago con sus dos hijas adolescentes y su gato Elphaba.

Nos agradaría recibir noticias suyas.
Por favor, envíe sus comentarios sobre este libro
a la dirección que aparece a continuación.
Muchas gracias.

Vida@zondervan.com
www.editorialvida.com